Histoire et éducation à la citoyenneté

REGARDS
SUR LES SOCIÉTÉS

CAHIER D'ACTIVITÉS

2e année du 1er cycle du secondaire

Collection dirigée par
Alain Dalongeville

Stéphanie Demers

Charles-Antoine Bachand
Patrick Poirier
Avec la collaboration de
Philippe Audette

LES ÉDITIONS
CEC
QUEBECOR MEDIA

TABLE DES MATIÈRES

RÉVISION DU VOLUME 1

En première secondaire, tu as acquis des compétences qui peuvent t'aider à comprendre les réalités sociales du monde qui t'entoure et à développer ta conscience citoyenne. Pour te préparer à poursuivre ce cheminement cette année, les activités suivantes te proposent un bref retour sur les lieux et les époques qui se rattachent aux réalités sociales que tu as étudiées. Elles t'invitent aussi à revoir les concepts qui t'ont permis de comprendre ces réalités sociales.

A JE SITUE LES LIEUX

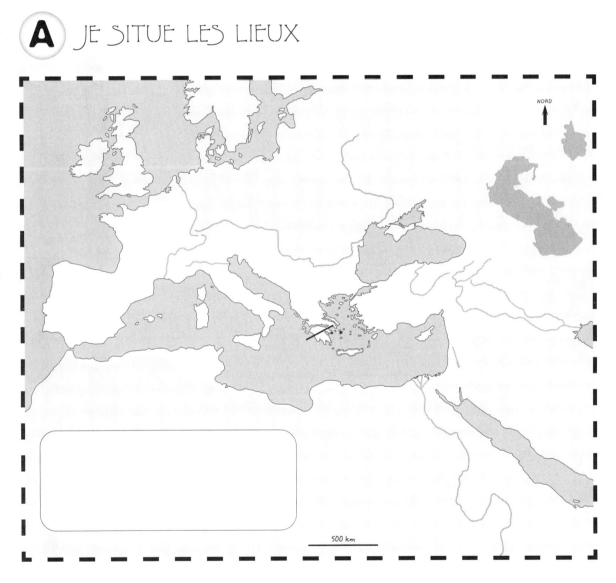

a) Encercle en jaune le Croissant fertile, l'un des premiers lieux de la **sédentarisation**.

b) Encercle en vert la Mésopotamie, cette région où a été développé le plus ancien **système d'écriture**. Situe le Tigre et l'Euphrate et écris le nom des deux fleuves au bon endroit.

c) Encercle en bleu le berceau du peuple grec, qui a tenté une première expérience **de démocratie**. Situe Athènes.

d) Encercle en rouge les limites de l'Empire romain au IIᵉ siècle (à son apogée), indiquant ainsi les lieux de la **romanisation**. Situe Rome.

e) Colorie en orangé les territoires christianisés entre le Iᵉʳ et le Vᵉ siècles afin d'identifier l'**Occident** au **Moyen Âge**. Situe Constantinople.

f) Écris sur la carte le nom des lieux suivants afin de repérer les villes qui ont connu **un *essor* urbain** et **commercial** au **Moyen Âge**.

- Océan Atlantique
- Paris
- Bruges
- Vienne
- Londres
- Lisbonne
- Kiev
- Venise
- Barcelone
- Mer Méditerranée
- Damas
- Hambourg
- Mer du Nord
- Marseille
- Alexandrie

B JE SITUE L'ÉPOQUE

a) Sur la ligne du temps ci-dessous, place les réalités sociales qui sont énumérées dans l'encadré et que tu as étudiées dans le volume 1. Reporte le numéro correspondant dans les cercles de la ligne du temps.

> 1. La romanisation
> 2. L'essor urbain et commercial
> 3. La sédentarisation
> 4. Une première expérience de démocratie
> 5. L'émergence d'une civilisation
> 6. La christianisation de l'Occident

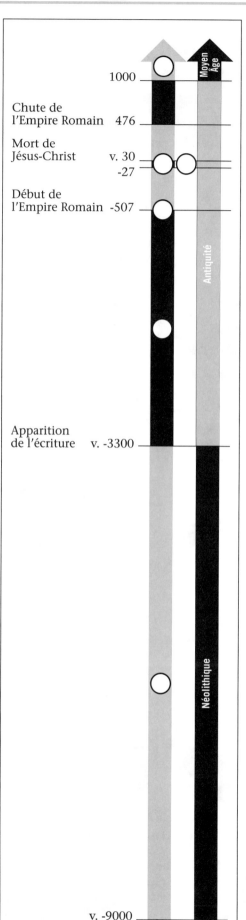

1000

Chute de l'Empire Romain   476

Mort de Jésus-Christ   v. 30
-27

Début de l'Empire Romain -507

Apparition de l'écriture   v. -3300

v. -9000

Moyen Âge

Antiquité

Néolithique

b) À l'aide de la ligne du temps de la page précédente, précise la période historique des réalités sociales suivantes :

- la sédentarisation : _____

- l'émergence de la civilisation mésopotamienne : _____

- une première expérience de démocratie : _____

- la romanisation : _____

- la christianisation de l'Occident : _____

- l'essor urbain et commercial : _____

c) À quel événement associe-t-on le début de la romanisation ?

_____

d) À quel événement associe-t-on la fin de l'Antiquité ?

_____

e) À quel événement associe-t-on le début de la christianisation ?

_____

f) Selon toi, pourquoi le début de la christianisation n'est-il pas associé à la naissance de Jésus-Christ ?

_____

_____

g) Au cours de quelle période historique l'essor urbain et commercial est-il survenu ?

_____

h) Selon toi, quels faits sociaux associés à la christianisation de l'Occident ont contribué à l'essor commercial ? Plusieurs réponses sont possibles.

_____

_____

C) JE DÉFINIS LES CONCEPTS

a) Parmi les concepts énumérés dans l'encadré, choisis celui qui convient à chaque rangée du tableau et écris-le dans la première colonne.

Ensuite, dans chaque colonne, précise la réalité sociale à laquelle le concept est appliqué. Pour t'aider, consulte la liste des réalités sociales énumérées dans l'encadré du numéro 2.

- Hiérarchie sociale • empire • institutions • justice • liberté • pouvoir,
- production • régime politique • société • territoire • urbanisation • civilisation

CONCEPT	RÉALITÉ SOCIALE	RÉALITÉ SOCIALE	RÉALITÉ SOCIALE	RÉALITÉ SOCIALE	RÉALITÉ SOCIALE	RÉALITÉ SOCIALE
	Le contrôle de la prise de décision..	L'aspect religieux appartient à l'Église alors que l'aspect temporel (politique) appartient aux rois qui sont liés à leurs vassaux par un serment de fidélité en retour de terres et de protection.	Il appartient d'abord aux citoyens, puis il est détenu par une seule personne : l'empereur.	Il appartient aux citoyens qui exercent la démocratie directe afin de gouverner la cité-État et de décider de son avenir.	Il appartient au roi aidé des scribes.	Il est soit de nature féodale, soit entre les mains des assemblées de bourgeois dans les villes affranchies.
	Elle se trouve dans une société dans laquelle certains membres ont plus de pouvoirs et de privilèges que d'autres.	Les serfs (paysans) sont en état d'esclavage et les seigneurs et les rois sont au premier rang de la pyramide sociale.	L'empereur, les généraux et les patriciens sont au-dessus des plébéiens et des esclaves.	Seuls certains membres de la société sont des citoyens et jouissent de tous les droits et privilèges de la citoyenneté.	La société mésopotamienne a une élite sociale qui jouit de plus de privilèges et de pouvoirs, et qui pratique l'esclavagisme.	Le statut social et économique détermine la position d'une personne. Les nobles sont toujours au premier rang dans la société, mais les bourgeois occupent une place de plus en plus importante. Les paysans et les ouvriers restent au bas de la pyramide.
	Espace physique occupé par un groupe et nécessaire à sa subsistance.	Il est divisé en fiefs, terres concédées par un seigneur à ses vassaux.	Son étendue est à son apogée au IIe siècle de notre ère et s'étend autour de la Méditerranée. Il comprend la France, l'Espagne, l'Égypte et une partie du Moyen-Orient.	Cité-État d'Athènes et ses dépendances rurales. Espace géré par les citoyens et soumis aux lois athéniennes.	Espace entre le Tigre et l'Euphrate, soumis au roi et à ses administrateurs, divisé en cadastres.	Les espaces féodaux sont divisés en fiefs. Les villes comprennent la ville elle-même, ses remparts, les bourgs qui l'entourent et les champs qui en dépendent.

(suite)

Elle est administrée par le seigneur selon des lois édictées par l'autorité royale.	L'empereur promulgue les lois et les fait appliquer par le Sénat. En cas de litige, les magistrats tranchent.	Elle est assurée par l'héliée, un tribunal composé de citoyens désignés par tirage au sort. Les lois sont rédigées par la boulè et approuvées par l'ecclésia.
Elles sont politiques et religieuses. La principale organisation féodale est la seigneurie. La principale organisation chrétienne est l'Église au sein de laquelle on trouve la papauté et les divers ordres religieux.	Elles servent à diffuser la culture et la civilisation romaine dans l'Empire et à consolider le pouvoir central de l'empereur. On distingue le Sénat, la magistrature, l'armée et les gouverneurs des provinces.	Organisme qui veille à maintenir les règles établies dans l'intérêt des membres d'une société.
Ce sont surtout des monarchies qui dépendent du système féodal.	C'est d'abord une république semblable au modèle athénien, qui devient un empire dirigé par un gouvernement centralisé au sein duquel le pouvoir souverain appartient à un empereur.	Mode de fonctionnement politique d'un État; ensemble des règles qui régissent la prise de décisions et la structure du pouvoir.

L'établissement de lois pour régir les comportements sociaux, l'application des lois et les sanctions pour les contrevenants; le besoin de faire connaître les lois à la population et d'avoir des institutions qui se chargent de rendre la justice.	Elle est administrée par le seigneur ou, dans les villes affranchies, par le conseil des échevins, selon la charte.	
Elles sont essentiellement composées d'une monarchie et de l'organisation de la justice et de la religion.	Les organisations féodales sont inchangées. Celles des villes sont différentes. Les communes sont administrées par une assemblée de citoyens, remplacée ensuite par la mairie et le conseil des échevins. Une milice assure la sécurité.	
Monarchie	C'est soit le régime féodal, soit celui d'un conseil municipal d'une ville affranchie.	

7

LE RENOUVELLEMENT DE LA VISION DE L'HOMME

Saint Augustin dans son bureau de travail

Saint Augustin était un modèle pour les humanistes. Il soutenait que par la foi, mais également par la raison, l'homme a la possibilité de se rapprocher de la vérité. Il est représenté en humaniste dans son cabinet de travail. De nombreux objets symboliques reflètent sa condition de clerc et d'écrivain. Ce tableau est représentatif de l'art de la Renaissance.

La vision de Saint-Augustin de Vittore Carpaccio, (vers 1552, Scuola di San Giorgio degli Schiavoni, Venise, Italie.)

Pages 2 et 3 de ton manuel

⊢ **Pages 2 et 3 de ton manuel**

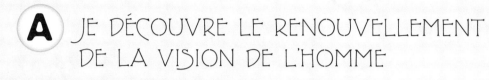

Ⓐ JE DÉCOUVRE LE RENOUVELLEMENT DE LA VISION DE L'HOMME

1 Observe le titre, l'image et la légende de la page 1.

a) Quels objets trouve-t-on dans le cabinet de travail de saint Augustin?

b) À quels domaines ou à quelles occupations peut-on associer ces objets?

c) Selon la légende qui accompagne l'image, quels sont deux des aspects essentiels de l'humanisme?

d) Selon toi, quels éléments de l'œuvre évoquent ces aspects?

2 Selon toi, pourquoi parle-t-on de Renaissance dans ce chapitre?

> **J'émets une hypothèse**
>
> Selon moi, la Renaissance c'est...

B JE SITUE LES LIEUX

1 Examine la carte à la page 5 de ton manuel.

a) À quelle région du monde associe-t-on l'humanisme?

2 a) Que remarques-tu à propos des foyers de l'humanisme et des principaux foyers artistiques?

b) Qu'est-ce que cela t'indique au sujet de l'art à cette époque?

3 a) À ton avis, pourquoi les centres d'imprimerie sont-ils indiqués sur cette carte?

b) Selon toi, quel rôle l'imprimerie joue-t-elle dans le renouvellement de la vision de l'homme?

Gutenberg examinant la première épreuve de texte imprimé avec des caractères mobiles.
(Bettmann/CORBIS)

⊢ **Pages 4 et 5 de ton manuel**

4 a) Sur la carte ci-dessous, écris le nom des lieux énumérés. Place d'abord tes points de repère pour les situer.

• Océan Atlantique	• Le Pô	• La Loire	• Paris	• Venise
• Mer Méditerranée	• Le Rhône	• La Seine	• Londres	• Bruges
• Mer du Nord	• Le Danube	• Le Rhin	• Rome	

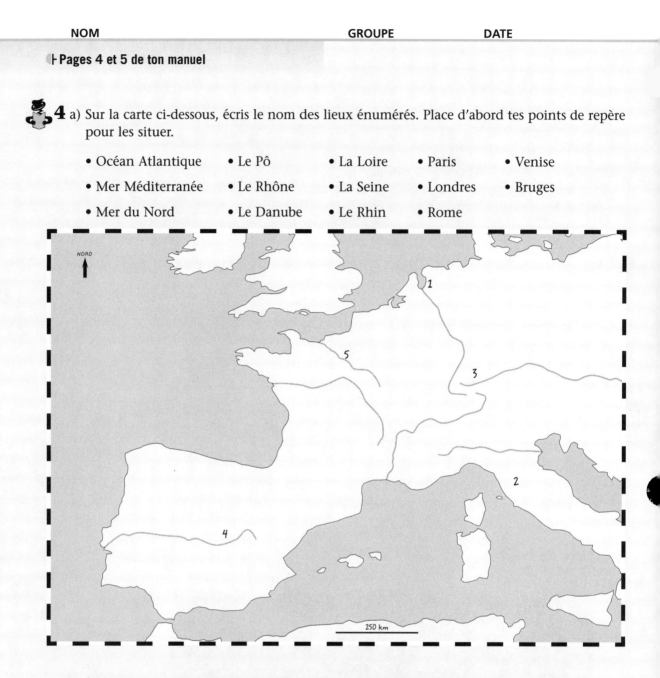

b) À l'aide de la carte de la page 5 du manuel, écris le nom des principaux foyers de l'humanisme représentés par les numéros sur la carte. Dans la dernière colonne, écris le nom des pays actuels où se trouvaient ces foyers de l'humanisme.

NUMÉRO	FOYER DE L'HUMANISME	PAYS ACTUEL
1		
2		
3		
4		
5		

⊩Pages 4 et 5 de ton manuel

c) Selon toi, pourquoi ces villes sont-elles appelées «foyers de l'humanisme»?

C JE SITUE L'ÉPOQUE

1 Comment s'appelle la période antérieure au renouvellement de la vision de l'homme?

2 Qu'est-ce qui caractérisait cette période?

3 Selon toi, quels éléments de la vision de l'homme seront renouvelés?

⊢Pages 10 et 11 de ton manuel

PISTE DE RECHERCHE

A COMMENT L'ÊTRE HUMAIN EST-IL REPRÉSENTÉ DANS L'ART DE LA RENAISSANCE?

1 Examine attentivement la peinture ci-contre.

a) Dans quel rôle le Christ y est-il représenté?

_____

b) Comment décrirais-tu la représentation de la forme humaine dans cette peinture?

_____

_____

2 Lis le document ci-dessous.

«Nous autres peintres, nous voulons par les mouvements du corps, montrer les mouvements de l'âme. [...] Il convient donc que les peintres aient une connaissance parfaite des mouvements du corps et les apprennent de la nature pour imiter, si difficile que ce soit, les multiples mouvements de l'âme.»

(extrait de Leon Battista Alberti, *Traité de la peinture*, 1435.)

Dieu le père.
Dean van Eyck, peintre hollandais, *Retable de l'adoration de l'Agneau mystique* [détail], 1432, cathédrale Saint-Bavon, Gand, Belgique. (Archivo Iconografico, S.A./CORBIS)

Selon le texte, pourquoi était-il important que les peintres de la Renaissance représentent parfaitement les mouvements du corps?

_____

Le Christ Pantocrator (tout-puissant).
Maître de San Clemente de Taüll, vers 1124. (Archivo Iconografico, S.A./CORBIS)

3 Examine attentivement la peinture de gauche.

a) Quelles différences observes-tu entre cette œuvre et celle du numéro 1?

_____

_____

_____

_____

4 Nomme certaines caractéristiques de l'art de la Renaissance.

B L'HOMME PEUT-IL S'ÉLEVER PAR L'ÉDUCATION ?

1 Lis le document ci-dessous.

«L'éducation idéale selon Montaigne

« [...] Je voudrais aussi qu'on fût soigneux de lui choisir un professeur qui eût plutôt la tête bien faite que bien pleine [...]. Qu'il ne lui demande pas seulement compte des mots de sa leçon, mais du sens de la substance, et qu'il juge du profit qu'il aura fait, non par le témoignage de sa mémoire, mais de sa vie.

Savoir par cœur n'est pas savoir : c'est tenir ce qu'on a donné en garde à sa mémoire. Ce qu'on sait justement, on en dispose, sans regarder le modèle, sans tourner les yeux vers son livre. »

Michel de Montaigne, *Essais*, Livre I, chap. 25, Claude Pinganaud (édit.), Arléa, 1992.

La leçon de chant, par Giorgione.
(Arte & Immagini SRL/CORBIS)

a) Qu'est-il important de savoir ?

b) Comment peut-on évaluer l'efficacité de l'éducation ?

c) Quelle place l'éducation idéale accorde-t-elle à l'individu ?

Pages 12 et 13 de ton manuel

2 Lis les documents suivants.

1- «Maître Thubal Holoferne apprit à Gargantua son alphabet en cinq ans et trois mois si bien qu'il le disait par cœur et à rebours; puis des livres de vocabulaire et de grammaire en latin en treize ans et six mois.

Pendant ce temps, il lui apprenait à écrire en gothique, car l'imprimerie n'existait pas encore.

Puis il lui apprit un autre ouvrage de grammaire latine avec les commentaires de plusieurs auteurs en dix-huit ans et onze mois. Il le sut si bien qu'il le récitait par cœur à l'envers.

Puis maître Thubal lui apprit un calendrier en seize ans et deux mois, mail il mourut en 1420 de la vérole.

Son père s'aperçut que vraiment Gargantua étudiait très bien, mais que rien ne lui profitait, au contraire qu'il devenait fou, niais, tout rêveur et sot.»

François Rabelais, *Gargantua* (1534), chap. XIII et XIV, transcription du texte par Marie-Claire Thomine, Imprimerie nationale, 1997.

2- «Avec Maître Ponocrates, son nouveau précepteur, Gargantua ne perdait aucune heure du jour et utilisait tout son temps en lectures et études. Il s'éveillait à quatre heures du matin. Pendant qu'on le lavait, on lui lisait une page de la divine Écriture avec la bonne prononciation.

Puis Maître Ponocrates répétait ce qui avait été lu et lui expliquait les points les plus difficiles.

Pendant qu'on l'habillait et le peignait, on lui répétait les leçons de la veille. Puis pendant trois bonnes heures, on lui faisait la lecture.

Ensuite, ils allaient dans le pré, et ils jouaient à la balle, S'exerçant le corps comme ils avaient exercé l'âme auparavant.

Au début du repas était lue quelque histoire plaisante. Puis on continuait la lecture ou on devisait joyeusement de la vertu des aliments. Gargantua apprit en peu de temps tous les passages concernés par la nourriture dans Pline et Galien. Après, ils rendaient grâce à Dieu par quelque beau cantique.»

François Rabelais, *Gargantua* (1534), chap. XIII et XIV, transcription du texte par Marie-Claire Thomine, Imprimerie nationale, 1997.

Extraits du roman Gargantua de Rabelais

Dans son roman Gargantua publié en 1534, Rabelais critique l'éducation médiévale et propose une nouvelle éducation humaniste. Dans les extraits ci-dessus, il met en scène quatre personnages : Holoferne, Gargantua, Grangousier et Ponocrates. Après la mort de maître Holoferne, Grangousier décide de confier son fils à un nouveau précepteur du nom de Ponocrates.

a) Compare les deux visions de l'éducation et de l'homme en remplissant le tableau suivant.

L'éducation selon Rabelais		
ÉLÉMENTS DE COMPARAISON	**DOCUMENT 1**	**DOCUMENT 2**
Type d'apprentissage		
But de l'apprentissage		
Importance accordée à l'individu		
Résultat de l'éducation		

⊦Pages 14 et 15 de ton manuel

b) Dans quel document définit-on une éducation humaniste ?

_____

Je définis les concepts

Selon moi, l'éducation c'est...

_____

_____

C   LA TERRE TOURNE-T-ELLE VRAIMENT AUTOUR DU SOLEIL ?

1 Observe attentivement le document 3 à la page 14 de ton manuel.

a) Que remarques-tu quant à la position et à la taille de la terre ?

_____

b) Qu'en est-il du soleil ?

_____

c) À quelle période de l'histoire ce modèle remonte-t-il ?

_____

2 Lis le document 4 à la page 14 de ton manuel.

a) Selon toi, quel est l'impact de cet énoncé sur la vision du monde au XIIIe siècle ?

_____

_____

b) À ton avis, comment les idées contraires aux Saintes Écritures étaient-elles reçues à cette époque ?

_____

3 Lis le document 1 à la page 14 de ton manuel.

a) Selon l'Ancien Testament, est-ce la terre ou le soleil qui est en mouvement ?

_____

b) Quelle est la place de Dieu dans l'ordre naturel ?

_____

⊢ Pages 14 et 15 de ton manuel

4 Lis le document 2 à la page 14 de ton manuel.

a) Pourquoi l'Église interdit-elle les livres qui présentent la théorie héliocentrique?

b) En quoi la reconnaissance du modèle copernicien représente-t-elle une menace pour l'Église?

c) Quelle place l'Église accorde-t-elle à la science?

d) Selon toi, quel peut être l'impact d'une telle position?

5 Lis le document 5 à la page 15 de ton manuel.

a) Selon toi, qu'est-ce qui permet à l'auteur de faire une telle déclaration?

6 Lis le document 6 à la page 15 de ton manuel.

a) Comment Galilée a-t-il pu confirmer le modèle copernicien?

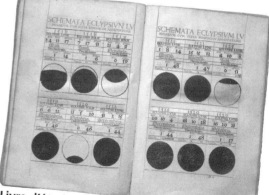

Livre d'études de Copernic.
(Paul Almazy/CORBIS)

b) En quoi les paroles de Galilée relèvent-elles de l'humanisme?

_____

_____

_____

Gravure de Galilée dans son atelier.
(Archivo Iconographico / CORBIS)

7 Observe le document 7 à la page 15 de ton manuel.

a) Quelles différences y a-t-il entre ce modèle et celui de Ptolémée (*voir le doc.3, p. 14*)?

_____

_____

_____

_____

_____

_____

_____

_____

b) En quoi ce modèle contredit-il l'extrait de l'Ancien Testament (doc. 1)?

_____

_____

c) Qu'est-ce que cela nous amène à penser de l'extrait de l'Ancien Testament?

_____

D QUEL EST L'HÉRITAGE DE LA PENSÉE HUMANISTE?

1 Lis les quatre documents suivants.

a) Souligne les valeurs humanistes présentées dans chacun des documents et écris-les dans la troisième colonne du tableau de la page 13.

b) Dans la deuxième colonne du même tableau, précise à quel domaine se rapporte chacun des documents. Choisis parmi la liste suivante: socioéconomique, éducation, relations internationales.

⊢**Pages 16 et 17 de ton manuel**

Document 1

« Pour beaucoup de personnes, les femmes savantes sont suspectes, comme si un savoir approfondi accroissait la malice naturelle de l'espèce humaine ; mais alors, de la même façon, les hommes savants ne devraient-ils pas aussi être suspects […] ? En revanche, l'instruction que, pour moi, je voudrais proposer à l'ensemble du genre humain est équilibrée et pure : c'est celle qui élève et qui rend meilleur. »

D'après Jean-Louis Vivès, *De institutione christianae feminae*, I, 4, dans *Œuvres*, IV., p. 78, 80, 82-83.

Document 2

« La guerre cause d'un seul coup le naufrage de tout ce qui est bon et fait déborder la mer de tous les maux réunis. Ensuite, aucune calamité n'est plus tenace. De la guerre naît la guerre. […] Si nous étions dans ces dispositions-là, il n'y aurait pour ainsi dire jamais de guerre entre les hommes. […] Nul souhait ne doit être plus précieux au cœur d'un prince que de conserver la vie de ses sujets et de les voir en pleine prospérité. »

D'après Érasme, *Institution du prince chrétien* (1516), dans Jean-Claude Margolin, *Guerre et paix dans la pensée d'Érasme de Rotterdam*, Aubier Montaigne, 1973.

Document 3

« En Utopie, au contraire, personne ne peut manquer de rien, une fois que les greniers publics sont remplis. Car la fortune de l'État n'est jamais injustement distribuée en ce pays ; l'on n'y voit ni pauvre ni mendiant, et quoique personne n'ait rien à soi, cependant tout le monde est riche. Est-il, en effet, de plus belle richesse que de vivre joyeux et tranquille, sans inquiétude ni souci ? Est-il un sort plus heureux que celui de ne pas trembler pour son existence […] ? »

Thomas More (1516). *L'Utopie.*, trad. V. Stouvenel, 1842.

Page titre de la traduction française de *L'Utopie* de Thomas More en 1642.
(Archivo Iconographico, S.A./CORBIS)

Document 4

Extraits de la Déclaration des droits de l'enfant

« **Préambule**

Considérant que, dans la Charte, les peuples des Nations Unies ont proclamé à nouveau leur foi dans les droits fondamentaux de l'homme et dans la dignité et la valeur de la personne humaine, et qu'ils se sont déclarés résolus à favoriser le progrès social et à instaurer de meilleures conditions de vie dans une liberté plus grande,

L'Assemblée générale,

Proclame la présente déclaration des droits de l'enfant [...]:

Principe 4

L'enfant doit bénéficier de la sécurité sociale, il doit pouvoir grandir et se développer d'une façon saine [...]. L'enfant a droit à une alimentation, à un logement, à des loisirs et à des soins médicaux adéquats.

Principe 7

L'enfant a droit à une éducation qui doit être gratuite et obligatoire au moins aux niveaux élémentaires. Il doit bénéficier d'une éducation qui contribue à sa culture générale et lui permette, dans des conditions d'égalité de chances, de développer ses facultés, son jugement personnel et son sens des responsabilités morales et sociales, et de devenir un membre utile de la société. »

Extraits de la Déclaration des droits de l'enfant proclamée par l'Assemblée générale de l'Organisation des Nations Unies le 20 novembre 1959.

Les valeurs humanistes			
DOCUMENT	**AUTEUR**	**DOMAINE**	**VALEUR HUMANISTE**
1	Vivès	Éducation	_____ _____ _____
2	Érasme	_____ _____	Pacifisme
3	More	Socioéconomique	_____ _____ _____
4	Assemblée générale de l'ONU	_____ _____	_____ _____

2 Quelle valeur humaniste des philosophes de la Renaissance notée dans le tableau du numéro 1 (p. 13) ne se retrouve pas dans la Déclaration des droits de l'enfant du document 4 (p. 13)?

3 Rédige l'article portant sur la valeur humaniste qu'on ne retrouve pas dans la Déclaration des droits de l'enfant en tenant compte des propos de l'auteur qui défend cette valeur dans les documents de la page 12.

E QU'EST-CE QUE LA RÉFORME?

1 Lis le texte suivant. Souligne en rouge les positions de l'Église catholique et en noir celles de Martin Luther.

La Réforme

En 1506, la basilique Saint-Pierre de Rome , où siégeait le pape, tombait en ruine. Afin de financer sa reconstruction, le pape Julien II fit appel à la générosité des fidèles en leur vendant des indulgences. Ceux qui donnaient de l'argent à l'Église étaient pardonnés de leurs péchés; ceux qui en donnaient beaucoup étaient assurés d'aller au paradis. La collecte de dons a donné lieu à des abus en Allemagne et a scandalisé un moine du nom de Martin Luther.

Martin Luther proposait une transformation de la religion catholique. En 1517, il a affiché 95 résolutions en ce sens sur les portes de la cathédrale de Wittenberg. Il y critiquait sévèrement la vente d'indulgences, jugeant qu'elles étaient des inventions humaines et que seul l'individu est responsable de son destin. Selon Luther, seule la Bible représente l'autorité de Dieu sur terre et les êtres humains sont suffisamment intelligents pour l'interpréter et la comprendre. Cela signifie qu'elle devait être disponible dans la langue maternelle de chacun puisque pour Luther, chaque père de famille a la responsabilité d'enseigner la Bible à ses enfants.

Édition de la bible datant d'avant 1541 comprenant des notes et des corrections de la main de Luther.
(James L. Amos/CORBIS)

(suite)

L'Église catholique répondit à Luther par le concile de Trente où elle réaffirmait l'autorité suprême du pape et rappelait que le latin était la langue des cérémonies religieuses et que les dons à l'Église contribuaient au salut des âmes. De plus, elle réaffirmait que seuls les prêtres pouvaient lire et enseigner la Bible et qu'ils devaient se distinguer des laïcs en portant une soutane.

2 Remplis le tableau suivant en te référant aux éléments que tu as soulignés précédemment.

POSITION DE L'ÉGLISE CATHOLIQUE	POSITION DE MARTIN LUTHER
En ce qui concerne le salut de l'âme Comment les fidèles peuvent-ils sauver leur âme ?	*En ce qui concerne le salut de l'âme* Comment les fidèles peuvent-ils sauver leur âme ?
En ce qui concerne le rôle de l'individu dans la religion Dans la doctrine catholique, qui peut interpréter la Bible et l'enseigner aux fidèles ?	*En ce qui concerne le rôle de l'individu dans la religion* Dans la doctrine protestante, qui est responsable de la foi et de guider les fidèles ?
En ce qui concerne l'autorité morale sur terre Dans la doctrine catholique, qui est responsable de la foi et des fidèles ?	*En ce qui concerne l'autorité morale sur terre* Dans la doctrine protestante, qu'est-ce qui représente l'autorité morale qui guide les fidèles ?

3 Explique comment la vente des indulgences va à l'encontre des valeurs humanistes suivantes.

Quête de vérité :

Triomphe de la raison :

Responsabilité individuelle :

4 En quoi les idées de Luther sont-elles des idées humanistes ?

⊦ **Pages 22 et 23 de ton manuel**

l'humanisme

1 Pourquoi cette période de l'histoire porte-t-elle le nom de Renaissance ?

_____

_____

2 a) Quelle vision de l'homme les humanistes ont-ils développée ?

_____

_____

   b) En quoi cette vision nouvelle est-elle différente de celle du Moyen Âge ?

_____

_____

3 En quoi l'humanisme menace-t-il l'Église ?

_____

_____

_____

_____

_____

_____

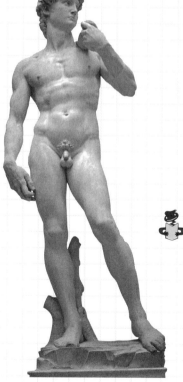

David, de Michelange, 1501-1503.
(© Royalty-Free / CORBIS)

4 Dans le tableau, ajoute les principes humanistes énumérés ci-dessous selon les domaines auxquels ils se rapportent. Dans la dernière colonne, explique comment ces principes ont contribué au développement de la société à l'époque de la Renaissance.

- Valorisation de l'Antiquité
- Quête de vérité
- Préséance de la raison
- Importance de l'individu
- Liberté
- Responsabilité individuelle

LE POINT SUR...

┤Pages 22 et 23 de ton manuel

UNE SOCIÉTÉ OCCIDENTALE FONDÉE SUR DES PRINCIPES HUMANISTES

Domaines	Principes humanistes	Apport des principes
ART	_____ _____ _____	_____ _____ _____ _____
SCIENCE	_____ _____ _____	_____ _____ _____ _____ _____ _____ _____
RELIGION	_____ Responsabilité individuelle	L'individu peut interpréter lui-même la Bible. _____ _____
ÉDUCATION	L'éducation permet de s'élever et de s'épanouir. Égalité des chances	L'individu est responsable de ce qu'il fait de son éducation et de la façon dont il l'applique dans sa vie. _____ _____
POLITIQUE	Responsabilité individuelle Liberté	L'individu s'éduque afin d'être utile à la société. _____ _____ Chacun est responsable de sa subsistance.

...sur les arts et les sciences

1 Nomme deux sources d'inspiration pour les artistes de la Renaissance.

_____

_____

2 Comment les hommes peuvent-ils apprendre la vérité sur l'Univers?

_____

_____

_____

3 Quelle technique a révolutionné la médecine?

_____

4 Dans quel autre domaine cette technique s'est-elle avérée utile?

_____

_____

5 Selon toi, quel changement social a permis de recourir à cette technique?

_____

_____

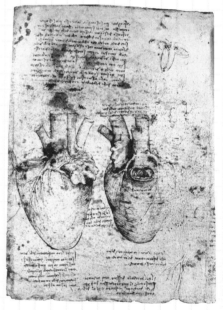

Dessin d'un cœur humain et de ses vaisseaux sanguins de Léonard de Vinci.
(Bettmann / CORBIS)

NOM GROUPE DATE

Pages 26 et 27 de ton manuel

...sur l'imprimerie typographique

1 Qui avait accès aux savoirs au Moyen Âge?

2 Quel impact cela pouvait-il avoir sur la société?

3 Comment l'imprimerie de Gutenberg fonctionnait-elle?

4 En te référant aux changements qui sont survenus à l'époque de la Renaissance, explique comment l'imprimerie a influencé les domaines présentés dans le tableau ci-dessous.

L'INFLUENCE DE L'IMPRIMERIE SUR LA SOCIÉTÉ À LA RENAISSANCE

Domaine	Influence
ÉDUCATION	
RELIGION	L'impression de la Bible dans les langues vernaculaires la rend accessible. L'imprimerie permet aussi de diffuser les idées de Luther et de Calvin qui ont abouti à la Réforme.
SCIENCE	
ART	
POLITIQUE	

5 Selon toi, quel a été l'impact de l'imprimerie sur le rôle de l'individu dans la société?

...sur la Réforme protestante

1 En quoi la vente d'indulgences contrevient-elle aux idéaux humanistes?

Luther livrant son sermon.
(Bettmann/CORBIS)

2 En quoi les propos de Luther constituent-ils une menace pour l'Église catholique?

3 Quels aspects du calvinisme vont à l'encontre de l'humanisme?

4 Quels principes humanistes peuvent être associés aux éléments de la Réforme présentés dans le tableau ci-dessous?

UNE RÉFORME INFLUENCÉE PAR LES PRINCIPES HUMANISTES

ÉLÉMENTS DE LA RÉFORME	PRINCIPES HUMANISTES QUI PEUVENT Y ÊTRE ASSOCIÉS
Accès gratuit au paradis ; dénonciation de la vente des indulgences.	Égalité des chances ; chaque individu est responsable de son salut.
Interprétation individuelle de la Bible	
Importance de l'enseignement	
Utilisation de la langue du peuple	

...sur les concepts

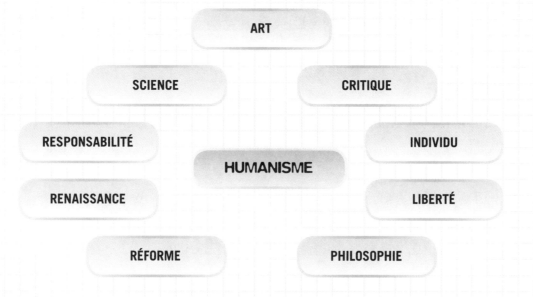

1 a) Lis les énoncés suivants et détermine s'ils sont vrais ou faux.

b) Si l'énoncé est faux, reformule-le de manière à le rendre vrai.

Selon moi, l'humanisme, c'est...

HUMANISME

– Une philosophie qui place l'être humain, ses capacités et son épanouissement au premier plan de l'expérience humaine.

_____

– Une philosophie qui place l'éducation et la responsabilité individuelle entre les mains de l'Église.

_____

– Une philosophie qui s'inspire du Moyen-Âge et de ses œuvres.

_____

Selon moi, la Renaissance, c'est...

RENAISSANCE

– Une philosophie caractérisée par la valorisation de l'Antiquité et un essor artistique et intellectuel.

_____

– Une période historique au cours de laquelle on valorise la confiance en l'être humain et en ses capacités.

_____

Selon moi, pour les humanistes, la liberté, c'est...

LIBERTÉ

La possibilité de penser et d'agir librement sans être dépendant de quelqu'un ou de quelque chose.

☐

La possibilité de laisser faire le destin selon la religion qu'on choisit.

☐

Selon moi, la responsabilité, c'est...

RESPONSABILITÉ

L'obligation de reconnaître le pouvoir de l'Église et du gouvernement et d'obéir.

☐

L'obligation morale ou intellectuelle d'honorer ses engagements.

☐

L'obligation d'accepter les conséquences de ses actes.

☐

Selon moi, la critique, c'est...

CRITIQUE

Le refus d'accepter une explication ou une idée qui ne nous plaît pas.

☐

Une réaction individuelle spontanée aux faits ou aux idées dans le but de porter un jugement moral ou intellectuel.

☐

Selon moi, la Réforme, c'est...

RÉFORME

Un mouvement religieux initié par Luther contre les abus de l'Église, notamment la vente d'indulgences.

☐

Une période historique caractérisée par la remise en question de la hiérarchie et des idées de l'Église catholique, notamment en ce qui concerne le rôle de l'individu et le salut des âmes.

☐

Mots-Croisés

1 Trouve les mots correspondant aux définitions ci-dessous et place-les dans la grille.

HORIZONTALEMENT

1. Homme de sciences qui avance que la Terre tourne autour du soleil
4. Monde idéal
8. qui permet à l'homme de comprendre le monde qui l'entoure
10. qui permet à l'homme d'observer la nature
11. Grand artiste et savant humaniste
12. qui permet la remise en question des institutions et leur amélioration, n'est pas toujours bien perçue
13. Humaniste auteur de L'Utopie
14. Humaniste qui avançait des idées pacifistes

VERTICALEMENT

2. Invention qui permet la diffusion des savoirs et des idées
3. qui permet à l'homme de s'élever et devenir meilleur
5. permet de représenter trois dimensions sur un tableau
6. Se vendent pour acheter sa place au paradis
7. époque du renouvellement de la vision de l'homme
9. Période historique antérieure au Moyen Âge, ses textes sont à l'origine du renouvellement de la vision de l'homme

AILLEURS...

▸ **Pages 38 à 43 de ton manuel**

LE JAPON DES SHŌGUNS

Je compare deux civilisations afin de mieux définir les concepts.

Le tableau ci-dessous établit une comparaison entre l'Europe de la Renaissance et le Japon des shōguns.

Coche les énoncés qui décrivent le mieux la situation du Japon des shōguns.

Aspect	Europe de la Renaissance	Japon des shōguns
OUVERTURE SUR LE MONDE	Grande ouverture sur les cultures de l'Antiquité et sur le monde	○ Grande ouverture sur l'Occident, surtout la Hollande. ○ Fermeture à toute influence extérieure, expulsion des étrangers.
RELIGION	Catholicisme et Réforme	○ Le bouddhisme est pratiqué au Japon. ○ Le shintoïsme est la religion officielle du Japon. ○ Le christianisme est la religion du Japon.
RÔLE DE L'INDIVIDU	L'individu occupe une place importante et se libère par la raison et l'éducation pour être maître de son destin.	○ L'individu est soumis à la religion et aux aristocrates. ○ L'individu est libre de choisir son destin. ○ L'individu est soumis à la nature.
ART	L'art est fortement influencé par les œuvres de l'Antiquité et par la quête de vérité ; elle est l'un des moteurs du renouvellement de la vision de l'homme.	○ L'art est fortement influencé par l'Occident et ressemble à l'art de la Renaissance. ○ L'art occupe une place très importante dans la société ; il est inspiré de la nature et d'une conception religieuse et aristocratique de la vie.
SCIENCE	La science est en pleine effervescence, championne de la raison humaine, de l'observation et de l'expérimentation.	○ La science est déjà beaucoup plus avancée qu'en Occident. ○ La science se développe peu et s'inspire de certaines découvertes européennes.
RELATION DE L'HOMME AVEC LA NATURE	L'homme peut comprendre la nature par la raison ; il l'observe et s'interroge afin de l'expliquer.	○ La nature domine l'homme qui doit obéir à ses lois sans les remettre en question. ○ L'homme observe la nature et l'explique grâce au développement de la science.

ET AUJOURD'HUI...

◄**I·Pages 46 et 47 de ton manuel**

JE FAIS APPEL À MON ESPRIT CRITIQUE ET JE M'INTERROGE SUR **L'HUMANISME** AUJOURD'HUI

1 Selon toi, en quoi le fait de recevoir de l'aide humanitaire peut-il être perçu négativement ?

_____

_____

_____

_____

_____

2 Selon toi, pourquoi l'aide humanitaire existe-t-elle ?

_____

_____

_____

_____

_____

_____

3 À la lumière des documents présentés aux pages 46 et 47 de ton manuel, trouve quatre critiques qui se rapportent à l'aide humanitaire.

_____

_____

_____

_____

_____

_____

_____

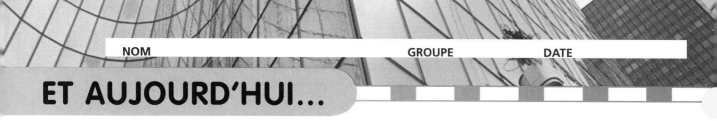

ET AUJOURD'HUI...

▶ Pages 32, 33, 46 et 47 de ton manuel

4 En te basant sur les auteurs humanistes que tu as découverts dans ce chapitre, explique comment un véritable humaniste aborderait la question des disparités dans le monde.

_____

_____

_____

_____

_____

_____

_____

_____

Ils l'ont dit...

«Un humanisme bien ordonné ne commence pas par soi-même, mais place le monde avant la vie, la vie avant l'homme, le respect des autres êtres avant l'amour-propre.»

Claude Lévi-Strauss,
L'origine des manières de table, VII, 3, Plon, 1968

DU RENOUVELLEMENT DE LA VISION DE L'HOMME

Léonard de Vinci : peintre, sculpteur, ingénieur et architecte italien (1452-1519). Cet homme de la Renaissance était versé non seulement dans les arts, mais aussi dans l'anatomie, le génie et la mécanique. Il notait minutieusement ses réflexions et ses expériences, les expliquant de façon philosophique.

1 Observe ces deux dessins de Léonard de Vinci, donne leur un nom et explique à quoi servaient ces machines.

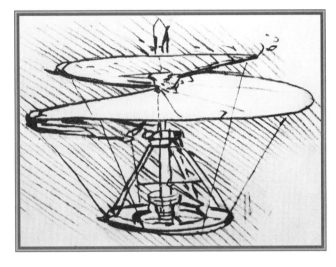

(Gianni Dagli Orti/CORBIS)

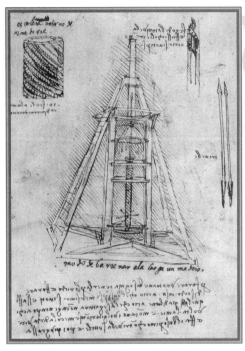

(Alinari Archives/CORBIS)

a) _____

_____

_____

_____

b) _____

_____

_____

_____

Une femme de son temps : Louise Labé (1524-1566)

Louise Labé est poète. Elle a reçu une éducation digne des écrits de Rabelais. Elle a appris à lire et à écrire, et a étudié le latin et l'italien. Elle s'est aussi initiée à l'art de broder et à la musique. L'escrime et l'équitation n'avaient aucun secret pour elle. Certains historiens disent même qu'elle se déguisait en chevalier, se faisait appeler «Capitaine Loys» et se battait en duel. Elle incitait les femmes à apprendre et à devenir aussi savantes que les hommes.

Louise Labé (1524-1566).

Préface à son œuvre poétique (Folio)

À Mademoiselle Clémence de Bourges Lionnaise

Étant le temps venu, Mademoiselle, que les sévères lois des hommes n'empêchent plus les femmes de s'appliquer aux sciences et disciplines, il me semble que celles qui [en] ont la commodité, doivent employer cette honnête liberté, que notre sexe a autrefois tant désirée, à icelles apprendre, et montrer aux hommes le tort qu'ils nous faisaient en nous privant du bien et de l'honneur qui nous en pouvaient venir : et si quelqu'une parvient en tel degré, que de pouvoir mettre ses conceptions par écrit, le faire soigneusement et non dédaigner la gloire, et s'en parer plutôt que de chaînes, anneaux, et somptueux habits, lesquels ne pouvons vraiment estimer nôtres, que par usage. Mais l'honneur que la science nous procurera, sera entièrement nôtre et ne nous pourra être ôté, ne par finesse de larron, ne force d'ennemis, ne longueur du temps.

24 juillet 1555.

Louise Labé. *Œuvres* (1555), Bibliothèque nationale de France (Gallica).

1 Selon toi, quels principes humanistes sont évoqués dans cette lettre ?

NOM   **GROUPE**   **DATE**

L'ÉCOLE HUMANISTE

1 a) À l'aide des éléments architecturaux de la Renaissance présentés aux pages 32 et 33 de ton manuel, dessine l'école humaniste idéale.

b) En t'inspirant des documents présentés aux pages 12 à 17 de ton manuel, établis l'horaire d'une semaine dans ton école humaniste.

Semaine du _____ au _____

LUNDI

MARDI

MERCREDI

JEUDI

VENDREDI

L'EXPANSION EUROPÉENNE DANS LE MONDE

« Civilisation, orgueil des Européens, tu bâtis ton royaume sur des cadavres […]
Tu es la force qui prime le droit. Tu n'es pas un flambeau, mais un incendie. »

René Maran, *Batouala*, dans Eliet, *Panorama de la littérature négro-africaine*, Paris, Présence africaine, 1965.

L'arrivée de Christophe Colomb en Amérique

Le 3 août 1492, Christophe Colomb et 90 hommes partent du port de Palos, en Espagne, à bord de trois navires : la *Pinta*, la *Niña* et la *Santa Maria*. Le 12 octobre, ils atteignent l'île de Guanahani, dans l'archipel des Bahamas, qu'ils baptisent « San Savaltor ». Colomb y fait planter une croix, symbolisant la prise de possession des terres au nom de l'Espagne.

Christophe Colomb recevant des offrandes des autochtones à son arrivée sur l'île de Guanahani. (Gravure de Théodore de Bry, Bibliothèque nationale de France, Paris, France.)

Pages 48 et 49 de ton manuel

Pages 48 et 49 de ton manuel

A JE DÉCOUVRE L'EXPANSION EUROPÉENNE DANS LE MONDE

1 Observe le titre, l'image et la légende à la page 31.

a) Quels objets les Européens portent-ils?

b) Quels objets les autochtones tiennent-ils dans leurs mains?

c) Que font les autochtones de ces objets?

d) Qu'est-ce qui aurait pu faire peur aux autochtones?

e) Compare l'attitude des autochtones et des Européens. Que peux-tu en déduire?

2 Lis la citation de René Maran à la page 31.

a) Selon toi, pourquoi la civilisation est-elle l'orgueil des Européens?

b) À quels cadavres l'auteur fait-il allusion?

c) Que représente le flambeau?

d) Que représente l'incendie?

⊢Page 51 de ton manuel

e) Selon toi, quel était le but de cette expédition?

J'émets une hypothèse

Selon moi, les Européens partent à la découverte de nouveaux mondes parce que...

_____

_____

B JE SITUE LES LIEUX

1 Examine la carte à la page 51 de ton manuel. Que remarques-tu au sujet du territoire américain?

_____

2 Qui occupe principalement ce territoire?

_____

3 Qu'est-ce qu'un empire?

_____

4 a) Que remarques-tu au sujet de l'étendue des empires sur le territoire américain?

_____

b) En tenant compte de la définition que tu as fournie à la question 3, que peux-tu déduire au sujet des sociétés qui ont construit ces empires?

_____

_____

5 Selon toi, l'Amérique du Nord est-elle habitée?

_____

_____

⊢ Page 51 de ton manuel

6 Complète la carte ci-dessous en suivant les consignes.

a) Place d'abord tes points de repère :

- Océan Atlantique
- Océan Indien
- Marseille
- Madrid
- Océan Pacifique
- Équateur
- Venise
- Constantinople

b) Trace en bleu les frontières de l'Empire aztèque.

c) Trace en orangé les frontières de l'Empire maya.

d) Trace en noir les frontières de l'Empire inca.

e) Trace le trajet terrestre le plus rapide entre Marseille et les limites orientales du monde musulman.

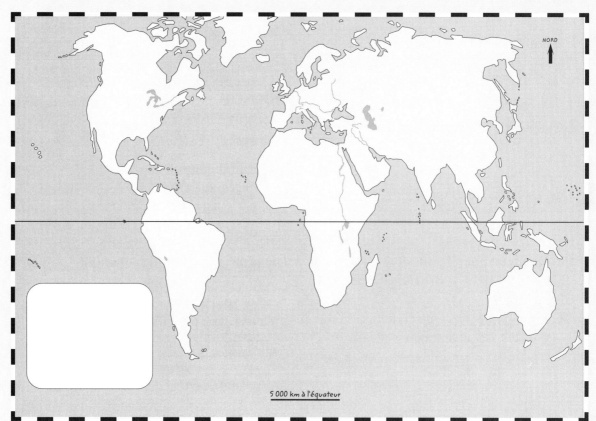

5 000 km à l'équateur

C JE SITUE L'ÉPOQUE

1 Examine la ligne du temps aux pages 50 et 51 de ton manuel.

a) À quelle époque l'expansion européenne a-t-elle eu lieu?

b) Quelles sont quelques unes des caractéristiques de cette période?

2 Selon toi, pourquoi l'expansion européenne s'est-elle amorcée à l'époque de la Renaissance?

J'émets une hypothèse

Selon moi, l'expansion européenne s'amorce à la Renaissance parce que...

⊢ **Pages 56 et 57 de ton manuel**

Ⓐ QUELLE EST LA ROUTE DES INDES ?

1 Examine attentivement la carte ci-contre.

a) Compare cette carte avec celle que tu as complétée à la page 34. Quels éléments sont différents?

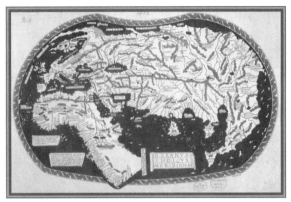

Le monde en 1489.
(1489, British Library, Londres, Angleterre.)

b) Selon toi, qu'est-ce qui explique ces différences?

2 Examine attentivement la carte de la page suivante.

a) Dans la première colonne du tableau ci-dessous, écris les produits correspondant à l'usage qu'en faisaient les Occidentaux (voir troisième colonne).

b) Dans la deuxième colonne, écris les lieux d'où provenaient ces produits.

PRODUIT	LIEUX DE PROVENANCE	USAGE
_____	_____ _____	○ Faire des médicaments. ○ Conserver et assaisonner la viande.
_____	_____	○ Confectionner des vêtements.
_____	_____	○ Fabriquer des objets de luxe.
_____	_____	○ Fabriquer des bijoux.

PISTE DE RECHERCHE

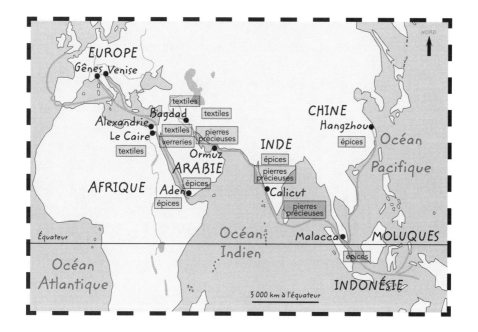

3 Les navigateurs qui cherchaient la route des Indes vivaient souvent des situations difficiles. Certains instruments pouvaient leur être fort utiles. Lis les extraits 1 à 4 de la page suivante et détermine l'instrument ou les instruments qui auraient été utiles dans les circonstances. Choisis parmi les suggestions de l'encadré et écris la lettre correspondante à ton choix sur les filets qui suivent les extraits.

a) Boussole : permet de s'orienter en mer.

b) Lunette :   permet d'observer les étoiles et voir au loin.

c) Caravelle : bateau qui peut parcourir de plus grandes distances.

d) Astrolabe : permet de s'orienter à l'aide des étoiles.

e) Gouvernail d'étambot : permet de mieux manœuvrer le navire et de transporter une plus grande quantité de marchandises.

⊢ **Pages 56, 57 et 59 de ton manuel**

Extrait 1

« Les pilotes des trois caravelles eurent des opinions différentes sur l'endroit où l'on se trouvait… »

Christophe Colomb, *La découverte de l'Amérique*, p. 37, Éditions La Découverte, 1992.

Extrait 2

« On continua de gouverner tantôt à l'est, tantôt à l'ouest, quoique ce ne fût pas notre chemin; car notre pilote, qui n'entendait pas bien son métier, ne sût observer sa route, et nous allâmes ainsi, dans l'incertitude, jusqu'au tropique du Cancer… »

Christophe Colomb, *La découverte de l'Amérique*, p. 37, Éditions La Découverte, 1992.

Extrait 3

« Nos vivres étaient si diminués, malgré le retranchement qu'on avait déjà fait sur les rations, qu'on prit le parti de nous en retrancher la moitié; et cette rigueur n'empêcha point que, vers la fin du mois, toutes les provisions ne fussent épuisées. »

Jean de Léry, *Le Jacques*, Récit d'aventure maritime célèbre, 1558.

Extrait 4

« En effet, pendant que nous étions occupés à les chercher parmi la brume, nous aperçûmes à trois quarts de lieues de nous à l'Ouest, une glace qui pouvait avoir au moins 200 pieds de hauteur hors de l'eau, et plus de trois câblures de long. »

Amédée Louis Frézier, *Relation du voyage de la Mer du sud aux côtes du Chily et du Pérou*, Paris, 1716.

B QUE FAIRE DES AMÉRINDIENS ?

1 Examine le document 4 à la page 59 de ton manuel.

Dans la fresque de Diego Rivera, comment sont représentés les éléments de la première colonne du tableau ci-dessous?

LA CIVILISATION AZTÈQUE

ÉLÉMENT DE CIVILISATION	DESCRIPTION
Commerce	
Art	
Hiérarchie sociale	

⊢Pages 58 et 59 de ton manuel

2 Examine le document 3 à la page 58 de ton manuel.

Que peut-on déduire au sujet de la civilisation inca en examinant les vestiges de Machu Picchu et l'image de la photo ci-contre ?

_____

_____

_____

_____

Pyramide de Kukulkan. Aussi connue sous le nom El Castillo, il s'agit de la pyramide du serpent à plumes Kukulkan ou Quetzalcoatl.

3 Lis le document 1 à la page 58 de ton manuel.

a) Comment décrirais-tu l'opinion de Colomb au sujet des autochtones de l'île d'Hispaniola ?

_____

b) Qu'a-t-il l'intention de faire des autochtones ?

_____

_____

c) Selon toi, en quoi l'attitude de Colomb est-elle avantageuse pour les Européens ?

> **J'émets une hypothèse**
>
> Il est avantageux pour les Européens de considérer les autochtones comme des êtres inférieurs parce que....

4 Lis le document 2 à la page 58 de ton manuel.

a) Résume l'opinion de l'auteur sur la civilisation des autochtones en complétant les phrases suivantes.

En ce qui concerne l'architecture et l'organisation de leurs villes…, elles sont

En ce qui concerne leur éducation et leur compréhension du monde…,

En ce qui concerne leur langue…,

b) Explique en quoi cette opinion est différente de ce que laissent croire les documents 3 et 4.

_____

_____

_____

5 Comment expliques-tu cette différence?

_____

_____

_____

6 Lis les documents 5 et 6 à la page 59 de ton manuel.

a) Quels éléments témoignent des qualités d'hommes libres des civilisations indiennes, selon Las Casas?

_____

_____

b) Comment Sepúlveda décrit-il les Européens?

_____

c) Selon lui, qu'apportera aux Indiens un état d'asservissement?

_____

d) En te basant sur tous les documents de la piste de recherche 2, remplis le tableau ci-dessous en énonçant des arguments à l'appui de l'opinion de Las Casas et des arguments à l'appui de celle de Sepúlveda.

QUELLE EST LA NATURE DES INDIENS?

ARGUMENTS À L'APPUI DE L'OPINION DE LAS CASAS	ARGUMENTS À L'APPUI DE L'OPINION DE SEPÚLVEDA
_____	_____
_____	_____
_____	_____
_____	
_____	
_____	
_____	
_____	

⊩Pages 60 et 61 de ton manuel

C QUELS ONT ÉTÉ LES ENJEUX DES GRANDES EXPLORATIONS ?

1 Voici les enjeux des grandes explorations :

A. Exploitation des ressources au profit des Européens

B. Décimation de la population autochtone

C. Destruction de la culture des civilisations autochtones

D. Essor de l'esclavage

Associe à chacun des documents 1 à 6 l'enjeu ou les enjeux dont il y est question. Réponds en inscrivant la lettre correspondante à l'endroit approprié.

DOCUMENT 1	Impact démographique du contact des Européens sur les populations américaines		ENJEU:
GROUPE	**POPULATION PRÉCOLOMBIENNE**	**POPULATION POSTCOLOMBIENNE**	**PERTE**
L'ensemble des aborigènes des Amériques	112 millions	5,6 millions	106,4 millions
Aborigènes du Mexique	29,1 millions	1 million	28,1 millions
Amérindiens d'Amérique du Nord	18 millions	entre 250 000 et 300 000	17,7 millions

DOCUMENT 2   ENJEU:

« Comme première cause de l'effondrement démographique des populations amérindiennes, la quasi totalité des études sérieuses placent aujourd'hui les maladies infectieuses introduites à leur insu par les Européens. [...] Le choc microbien fut bien pire que le choc militaire ; les épidémies se propagèrent avec la rapidité et la violence d'un cataclysme effroyable et, tout au long du XVIe siècle, emportèrent jusqu'aux trois quarts de la population indienne ; rhume, grippe, variole, rougeole provoquèrent des ravages spectaculaires, particulièrement chez les enfants... »

L'empire colonial espagnol, Mémo, Hachette. (Encyclopédie Hachette Multimédia © Multimédia / Hachette livre)

DOCUMENT 3   ENJEUX:

« Ils doivent être bons serviteurs et industrieux [...] et je crois qu'aisément ils se feraient chrétiens. [...] Ceci est du service de Vos Altesses, parce qu'hommes et femmes vous appartiennent tous... Toutefois, il est juste qu'ici, où Vos Altesses ont déjà un établissement, on traite les peuples honorablement et avec autant de bienveillance et de considération qu'en cette île il y a tant d'or, de bonnes terres et d'épices. »

Christophe Colomb, Journal de bord, 1492, 1493. *La découverte de l'Amérique*, p. 37 Éditions La Découverte, 1992.

DOCUMENT 4   ENJEU:

L'évêque Landa explique la destruction des livres de la civilisation maya en 1562 «Nous leur trouvâmes un grand nombre de livres écrits avec ces lettres, et comme il n'en avait aucun où il n'y eut de la superstition et des mensonges du démon nous leur brûlâmes tous ce qu'ils sentirent merveilleusement et leur donna beaucoup de chagrin.»

Michel Davoust, *La découverte de l'écriture maya par les chroniqueurs et religieux espagnols du XVIe au XVIIIe siècle*, CELIA - CNRS, France.

DOCUMENT 5   ENJEUX:

Esclaves lavant les diamants au Brésil
(Archivico Iconografico S.A./CORBIS)

Le travail forcé des Indiens dans les mines de métaux précieux et les famines causées par la déstructuration de l'agriculture traditionnelle déciment les populations. On estime qu'au moment de la conquête, les populations des empires inca et aztèque totalisent entre 40 et 45 millions de personnes. Cent ans après la conquête, 90% de la population de l'ex-empire aztèque a péri.

Extrait de: *Le traumatisme de la conquête et les figures mythiques de la résistance*, Article électronique de l'émission *Points Chauds* portant sur l'Amérique latine. Auteur: Lyne Fréchet, Chloé Baril et Simon Thibault. Source: Télé-Québec

---

DOCUMENT 6   ENJEU:

Des Africains sont capturés pour devenir des esclaves
(CORBIS)

Une des conséquences de la décimation des peuples autochtones de l'Amérique est le manque de main-d'œuvre gratuite. Pour pallier ce problème, les Européens s'engagent dans la traite des esclaves capturés en Afrique

⊢Pages 60, 61, 62 et 63 de ton manuel

2 Indique si les énoncés suivants sont vrais ou faux. Si tu réponds FAUX, barre la partie de l'énoncé qui est fausse.

ÉNONCÉ	VRAI	FAUX
Christophe Colomb veut qu'on traite les autochtones avec bienveillance parce qu'il est chrétien.		
Les Européens accordent de l'importance à l'Amérique à cause des possibilités de s'y enrichir.		
L'exploitation des ressources de l'Amérique se fait avec la collaboration des peuples autochtones.		
Les peuples autochtones sont dédommagés pour la perte de leur culture et de leurs ressources.		
Les pratiques coloniales des Européens provoquent la famine et la mort de millions d'autochtones		
Les Européens veulent détruire les populations autochtones en leur transmettant des maladies infectieuses.		
Les autochtones sont soumis au travail forcé pour exploiter les ressources.		
La capture d'esclaves africains est liée aux conséquences du traitement des peuples autochtones d'Amérique.		
Christophe Colomb prône l'esclavage et la conversion des autochtones.		

D QUELLES ONT ÉTÉ LES CONSÉQUENCES DU PASSAGE À UNE ÉCONOMIE MONDIALE?

⊢Pages 62 et 63 de ton manuel

1 Examine attentivement la carte du bas de la page 43.

a) Comment décrirais-tu le commerce?

_____

b) À qui profite-t-il?

_____

c) Selon toi, que signifie toute cette activité économique pour les populations autochtones des territoires exploités?

_____

_____

_____

d) Dans le tableau suivant, décris le rôle de chacun des acteurs de l'économie mondiale au XVIᵉ siècle en ajoutant des éléments dans la colonne de droite.

LES AGENTS DE L'ÉCONOMIE MONDIALE AU XVIᵉ SIÈCLE

ACTEUR	RÔLE
Les métropoles européennes	_____ Exploitent et importent les ressources des colonies. _____ _____
Esclaves	Fournissent la main-d'œuvre pour l'exploitation des ressources de la colonie.
Colonies	_____ Achètent les produits des métropoles.

e) Selon toi, pourquoi parle-t-on d'«exploitation»?

_____

_____

_____

f) Selon toi, qu'est-ce que cette exploitation signifie pour les civilisations autochtones des colonies européennes?

_____

_____

⊦Pages 62 et 63 de ton manuel

2 Examine attentivement le graphique.

a) Qu'est-il arrivé à la production du sucre à Saint-Domingue?

_____

b) Selon toi, qu'est-ce qui est à l'origine de ce changement?

J'émets une hypothèse

> Selon moi, la production de sucre en Amérique a pris de l'ampleur au XVIIe siècle parce que...
>
> _____
>
> _____
>
> _____
>
> _____
>
> _____

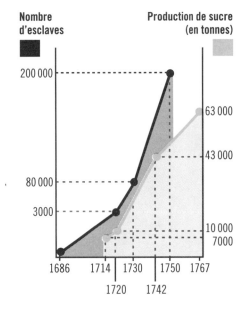

Or blanc et esclaves noirs

Le nombre des esclaves à Saint-Domingue est multiplié par 60 entre 1686 et 1750; la production de sucre par 9 entre 1714 et 1767.

Africains destinés au marché d'esclaves dans la cale d'un négrier.
(Historial Picture Archive/CORBIS)

3 Examine l'illustration ci-contre.

a) Décris la façon dont les Européens traitent les esclaves.

_____

_____

_____

_____

_____

_____

b) Selon toi, à quoi servent tous ces esclaves?

_____

c) Pourquoi les Européens ont-ils recours à des esclaves?

_____

_____

⊢Pages 68 et 69 de ton manuel

...le contexte scientifique et technologique de l'expansion européenne

LE POINT SUR...

1 Qu'est-ce qui a incité les explorateurs à se lancer à la découverte du monde à l'époque de la Renaissance?

_____

_____

2 Quelles découvertes ont particulièrement contribué à l'avancement des techniques de navigation?

_____

_____

3 Associe les définitions à l'instrument de navigation approprié.

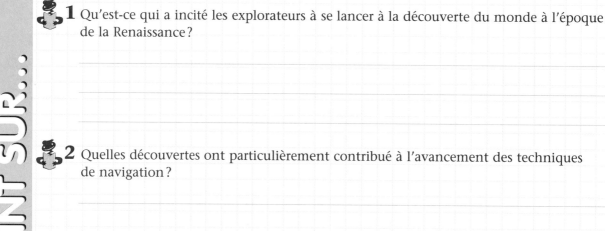

a) Astrolabe   b) Compas   c) Lunette

1 Instrument de navigation qui indique le nord. ____

2 Instrument d'optique utilisé pour observer des objets éloignés. ____

3 Instrument qui sert à observer les étoiles et à calculer l'emplacement précis d'un lieu géographique. ____

4 Examine la statue de Samuel de Champlain représentée sur la photo ci-dessous.

a) Que tient-il dans sa main?

_____

b) Trouve l'erreur sur cette photo.

Statue de Champlain
(© Musée canadien des civilisations, photo Stephen Alsford, 1996, image no. S98-391)

...les grandes découvertes

1 Dans le tableau suivant, explique l'impact de tous ces voyages d'exploration sur les aspects mentionnés, tant pour les Européens que pour les peuples indigènes.

L'IMPACT DES VOYAGES D'EXPLORATION

ASPECTS	POUR LES EUROPÉENS	POUR LES PEUPLES INDIGÈNES
Économique		
Religieux	Les explorations permettent de diffuser la religion chrétienne dans d'autres continents, de développer des missions, de trouver des débouchés pour les membres des ordres religieux, d'enrichir l'Église.	
Culturel		
Social	La société européenne s'enrichit en asservissant les Amérindiens et en exploitant leurs ressources.	
Démographique		

...les cultures amérindiennes

1 Dans le tableau suivant, écris les principales caractéristiques des différentes cultures amérindiennes.

CULTURES AMÉRINDIENNES	PRINCIPALES CARACTÉRISTIQUES
Grand Nord	
Nord	
Plaines	
Amérique centrale	
Amérique du Sud	

2 Quels aspects de leur mode de vie distinguaient les Amérindiens du Nord et des plaines des Européens ?

3 Quels aspects du mode de vie des cultures amérindiennes d'Amérique centrale et d'Amérique du Sud étaient semblables à ceux des Européens ?

...les enjeux des explorations

1 Quels sont les objectifs des conquistadors ? Encercle les bonnes réponses.

a) Convertir les autochtones à la religion catholique.

b) Imposer leur culture aux peuples autochtones.

c) Accumuler des richesses et du prestige social.

d) Acquérir les connaissances scientifiques des peuples autochtones, surtout dans le domaine de l'astronomie.

e) S'emparer de vastes territoires.

f) Établir des liens commerciaux pour les échanges.

g) Exploiter les ressources naturelles des territoires sud-américains.

h) Se débarrasser des gens qui souffraient de maladies infectieuses.

NOM GROUPE DATE

Pages 76 et 77 de ton manuel

...le développement d'une première forme d'économie mondiale

1 Observela carte. Complète les phrases sous la carte en choisissant l'élément approprié dans l'encadré ci-dessous. Réponds en écrivant dans la phrase la lettre qui correspond à l'élément choisi.

a) Matières premières	c) Colonies	e) Colons	g) Métropole
b) Produits fabriqués	d) Traite des esclaves	f) Esclaves	h) Exportent

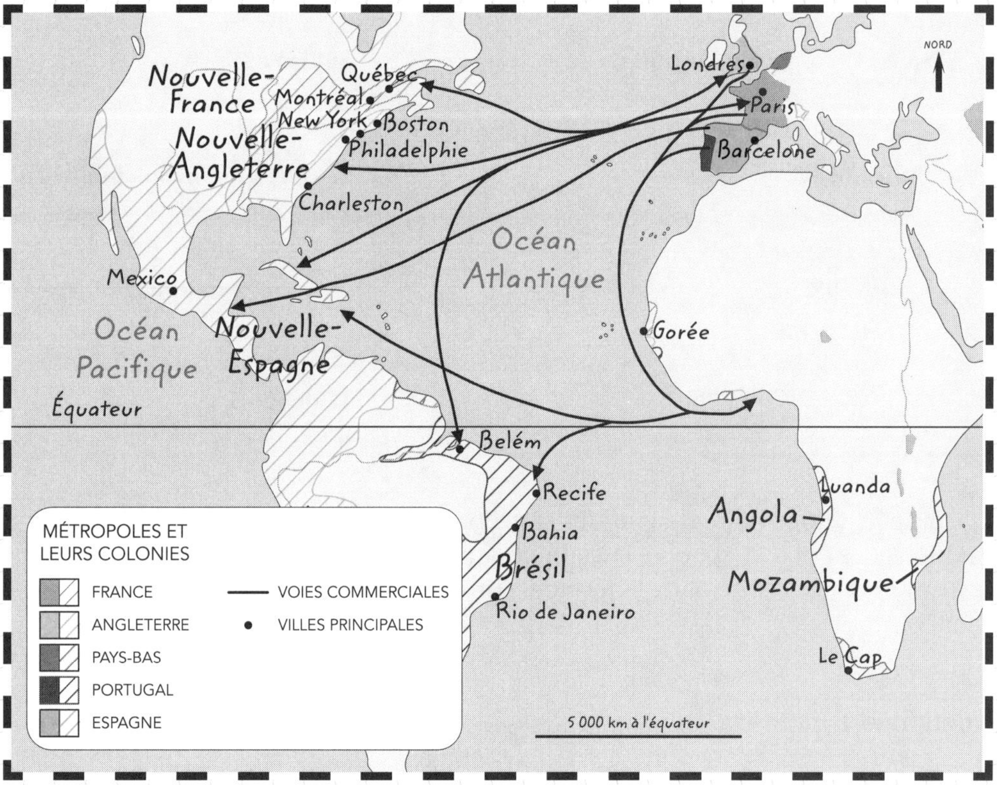

La _____ établit des _____ et dirige la _____.

Les _____ exploitent les _____ grâce au travail des _____.

Les _____ _____ les matières premières à la _____.

Les _____ transforment les matières premières en _____

Les métropoles exportent des _____ dans les _____.

Les _____ achètent les _____ par la _____.

⊢Pages 76 et 77 de ton manuel

2 Selon toi, en quoi le commerce triangulaire était-il lucratif pour les métropoles?

_____

_____

...les concepts

ENJEU

COLONISATION   ESCLAVAGE

COMMERCE   GRANDES DÉCOUVERTES

ÉCONOMIE-MONDE

CULTURE   TECHNOLOGIE

EMPIRE   TERRITOIRE

1 Voici trois définitions pour chacun des concepts que tu as étudiés dans ce chapitre. Encercle la lettre qui correspond à la définition qui te semble la plus appropriée au contexte de l'expansion européenne dans le monde. Souligne ensuite les mots clés qui ont influencé ton choix.

J'émets une hypothèse

Selon moi, la technologie c'est...

a) l'ensemble des connaissances scientifiques qu'une société applique dans la vie quotidienne.

b) l'ensemble des instruments, des outils et des façons de faire qui servent à la science et à la vie quotidienne dans une société.

c) les innovations scientifiques appliquées à l'avancement et à l'enrichissement d'une société.

J'émets une hypothèse

Selon moi, l'économie mondiale c'est...

a) le réseau des importations et des exportations entre deux pays qui ont conclu une entente mutuellement profitable.

b) le réseau des échanges d'argent entre les gouvernements de différents pays dans le but de favoriser l'exploitation des ressources.

c) le réseau des échanges commerciaux qui s'étend à l'échelle mondiale par le biais de la colonisation économique et politique et par l'établissement du commerce triangulaire où les ressources des colonies sont exploitées au profit d'une métropole.

J'émets une hypothèse

Selon moi, la culture c'est...

a) l'ensemble des aspects intellectuels, artistiques et spirituels qui distinguent une société.

b) les manifestations artistiques d'une civilisation, tels la musique, les beaux-arts, le théâtre.

c) une façon pour l'élite d'une société de se distinguer des autres classes sociales par la production et le financement d'œuvres artistiques et littéraires.

J'émets une hypothèse

Selon moi, un empire c'est...

a) l'ensemble des territoires et des peuples soumis à l'autorité d'un même gouvernement central.

b) l'ensemble des territoires et des peuples politiquement soumis à un roi ou à un empereur.

c) un mode de gouvernement qui préconise la conquête de nouveaux territoires pour l'enrichissement de la métropole.

J'émets une hypothèse

Selon moi, l'esclavage c'est...

a) le travail forcé imposé à des êtres humains qui ont perdu tous leurs droits.

b) l'asservissement, la domination et l'oppression d'êtres humains, l'échange et la vente de ces derniers sous le contrôle absolu d'un maître.

c) une solution préconisée par les Européens pour assurer l'exploitation rentable des colonies, qui comprend le travail forcé des populations locales.

ET AUJOURD'HUI...

⊩ **Pages 84 et 85 de ton manuel**

JE FAIS APPEL À MON ESPRIT CRITIQUE

1 Selon toi, comment serait-il possible de rendre le commerce équitable plus efficace et plus attrayant pour les consommateurs?

_____

_____

2 À ton avis, comment les entreprises multinationales réagiraient-elles si les gens se tournaient vers les produits du commerce équitable?

_____

_____

3 Selon toi, pourquoi les compagnies multinationales préfèrent-elles installer leurs usines dans les pays pauvres et exploiter les ressources de ces pays?

_____

_____

_____

4 Dresse une liste de mesures concrètes qui permettraient d'améliorer nos rapports économiques avec les pays en développement.

_____

_____

_____

_____

_____

_____

_____

_____

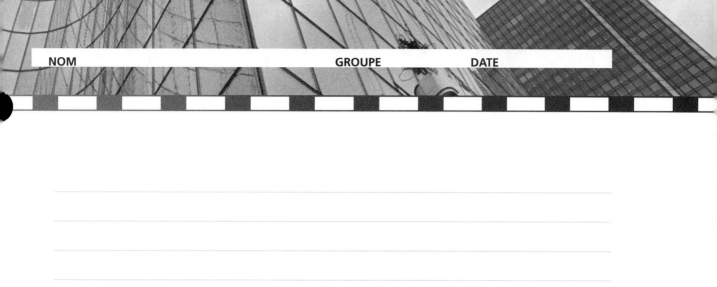

5 Lis le document suivant.

Depuis quelques années, certaines multinationales de l'alimentation ont modifié génétiquement des semences de riz et d'autres céréales, qui comportent maintenant certaines caractéristiques dévastatrices pour les cultivateurs. D'une part, bien que ces semences sont très efficaces, elles sont stériles, c'est-à-dire qu'elles ne peuvent être utilisées d'année en année. Les cultivateurs doivent donc les racheter chaque année, remplissant ainsi les coffres de la compagnie. D'autre part, une compagnie a même modifié des semences pour qu'elles soient complètement dépendantes d'une marque particulière de pesticide. Il s'avère que cette compagnie est également celle qui produit et met en marché ce pesticide. Le cultivateur doit donc acheter le pesticide s'il espère une récolte et ses coûts de production augmentent, tout comme les profits de la compagnie.

a) Comment les consommateurs peuvent-ils venir en aide aux cultivateurs aux prises avec ce genre de pratiques?

UN HOMME DE SON TEMPS : JAMES COOK

James Cook est né en 1728 à Marton en Grande-Bretagne. Fils de paysan, il s'embarqua à 18 ans comme simple marin sur un bateau à charbon de la marine marchande et devint un marin expérimenté en quelques années. En 1755, il s'engagea dans la Marine Royale où il devint maître d'équipage.

Il s'engagea pendant la guerre de Sept Ans au Canada et participa à une très importante expédition de guerre : la prise de Québec de 1759. James Cook devint célèbre grâce à ses trois expéditions dans l'océan Pacifique. Dès sa première expédition, James Cook se fit accompagner d'une importante équipe d'artistes (peintres et portraitistes) et de savants (astronomes, naturalistes, botanistes, etc.). Il avait l'habitude de décrire de façon méticuleuse toutes ses observations, les lieux et les gens qu'il rencontrait. Cook se distingue parmi les explorateurs de son époque, entre autres par son ouverture d'esprit envers les peuples qu'il rencontre. Il se liait d'amitié avec les indigènes des régions explorées, leur offrait un bon prix

James Cook, Gravure de 1830.
(Hulton-Deutsch Collection / CORBIS)

pour les denrées qu'ils lui fournissaient, apprenaient de leurs pratiques, s'attardait à la langue et à la culture de ces peuples. On lui attribue la découverte de la Nouvelle-Calédonie et la cartographie d'une portion importante des îles du Pacifique.

1 En quoi Cook est-il différent de Colomb ?

_____

_____

_____

2 En quoi Cook est-il humaniste ?

_____

_____

_____

UNE FEMME DE SON TEMPS : POCAHONTAS

1 Sais-tu qui est Pocahontas?

_____

2 Si oui, comment l'as-tu connue?

_____

_____

Pocahontas est née princesse, fille du puissant Powhatan des Algonquiens de la Virginie, en 1595. Elle fait la rencontre des hommes blancs pour la première fois en 1607, au moment où des colons britanniques s'installent à Jamestown, une des premières colonies européennes de l'Amérique du Nord. Elle se lie d'amitié avec un des colons, John Smith, qui est ensuite capturé par les autochtones. Mené devant le grand Powhatan, Smith est ligoté et se prépare à mourir lorsque Pocahontas pose sa tête sur la sienne afin de le protéger. Sa vie est non seulement épargnée, mais il devient également diplomate chargé d'établir de bonnes relations entre les Algonquiens et les colons. La situation entre les deux peuples se dégrade pourtant lorsque les nouveaux arrivés tentent de prendre possession des territoires autochtones. John Smith, gravement blessé lors d'un conflit,

Statue de Pocahontas.
(David Muench / CORBIS)

retourne en Angleterre. Le rôle de diplomate revient donc à Pocahontas, qui épouse un colon et établit ainsi une alliance entre son peuple et les colonies britanniques. Elle est présentée au roi d'Angleterre en 1616. Affligée de tuberculose lors du voyage de retour vers la Virginie, elle meurt à l'âge de 22 ans.

3 En quoi l'attitude de Pocahontas envers les Européens est-elle différente de celle des Européens envers les autochtones?

_____

_____

1 Souligne les références aux différents enjeux de l'expansion européenne dans le monde.

En vert :   Exploitation des ressources (   )
En rouge :   Décimation de la population autochtone (   )
En mauve : Dévastation des peuples africains au profit de la traite d'esclaves (   )
En noir :   Enrichissement des Européens (   )

MINERAI NOIR
René Depestre (*Présence africaine*, 1956)

Quand la sueur de l'Indien se trouva
brusquement tarie par le soleil
Quand la frénésie de l'or draina au marché
la dernière goutte de sang indien
De sorte qu'il ne resta plus un seul Indien
aux alentours des mines d'or
On se tourna vers le fleuve musculaire
de l'Afrique
Pour assurer la relève du désespoir
Alors commença la ruée vers l'inépuisable
Trésorerie de la chair noire [...]
Et toute la terre retentit du vacarme
des pioches
Dans l'épaisseur du minerai noir
Et tout juste si des chimistes ne pensèrent
Au moyen d'obtenir quelque alliage précieux
Avec le métal noir tout juste si des dames ne
Rêvèrent d'une batterie de cuisine
En nègre du Sénégal d'un service à thé
En massif négrillon des Antilles [...]
Ou si quelque vaillant capitaine
Ne tailla son épée dans l'ébène minéral
Toute la terre retentit de la secousse
des foreuses
Dans les entrailles de ma race

Dans le gisement musculaire de l'homme noir
Voilà de nombreux siècles que dure
l'extraction
Des merveilles de cette race
Ô couches métalliques de mon peuple
Minerai inépuisable de rosée humaine
Combien de pirates ont exploré
de leurs armes
Les profondeurs obscures de ta chair
Combien de flibustiers se sont frayé
leur chemin
À travers la riche végétation des clartés
de ton corps
Jonchant tes années de tiges mortes
Et de flaques de larmes
Peuple dévalisé peuple de fond en comble
retourné
Comme une terre en labours
Peuple défriché pour l'enrichissement
Des grandes foires du monde
Mûris ton grisou dans le secret de ta nuit
corporelle
Nul n'osera plus couler des canons et
des pièces d'or
Dans le noir métal de ta colère en crues.

LE JEU DE LA COLONISATION

1 Tu trouveras, sur cette page et sur la page suivante, des carrés pour ce jeu. Afin de compléter l'activité, assure-toi de bien lire les consignes qui suivent.

2 À l'aide de ces carrés, tu dois construire un jeu où l'on retrouve deux parcours, soit celui de l'explorateur européen qui tente de conquérir de nouveaux territoires et s'enrichir et celui de l'autochtone qui tente de survivre à l'arrivée des Européens.

a) Tu dois d'abord séparer les consignes selon le point de vue. Écris la lettre « E » sur les consignes qui devront être placées sur le parcours de l'explorateur européen. Écris la lettre « A » sur les consignes qui devront être placées sur le parcours de l'autochtone.

b) Découpe les consignes le long du pointillé et fais deux piles en les classant sous « E » ou « A ».

c) Ensuite, tu dois placer les consignes dans un ordre logique et construire ton propre jeu de société. Tu auras besoin de deux cartons, de ciseaux et de colle pour y arriver.

d) Tu peux ajouter des consignes si tu veux.

Le pape déclare que la Terre est plate. Recule de trois cases.	L'astrolabe est inventé. Avance de trois cases.	La terre découverte est déjà habitée. Recule d'une case.
Le shaman déclare que les nouveaux venus sont les messagers des dieux. Passe un tour.	Ton chef expulse les nouveaux venus du territoire. Avance de trois cases.	Tu découvres que les autochtones du nouveau monde possèdent beaucoup d'objets en or. Avance de trois cases.
Tu perds ta mappemonde datée de 1297 dans une tempête. Avance de deux cases.	Les nouveaux venus ont des armes puissantes. Recule de deux cases.	Les nouveaux venus arrivent avec des missionnaires pour te convertir. Recule de deux cases.
On découvre de l'or dans les mines ancestrales. Recule de deux cases.	Ton chef signe un traité de paix avec les nouveaux venus. Avance de deux cases.	Tu pratiques ta religion en secret avec tes voisins. Avance d'une case.

NOM   **GROUPE**   **DATE**

Les nouveaux venus ont une poussée de fièvre. Avance de deux cases.	Ton peuple sauve la vie des nouveaux venus en leur offrant de la nourriture pendant l'hiver. Avance de trois cases.	Les nouveaux venus s'emparent de ton territoire. Recule de deux cases.
Un prêtre te déclare humain, et donc digne de droits. Avance de trois cases.	Les conquistadors repartent. Avance de deux cases.	Les gens de ton village sont atteints d'une maladie inconnue. Recule de deux cases.
Les nouveaux venus t'offrent des pierres brillantes. Avance d'une case.	Les conquistadors reviennent avec des colons. Retourne à la case départ.	Un prêtre a réussi à apprendre ta langue maternelle. Tu lui parles de ta culture. Avance de deux cases.
On adapte la boussole chinoise. Avance de trois cases.	Le vent ne souffle pas depuis trois jours. Passe un tour.	Ton pays est actif dans la traite d'esclaves. Avance d'une case.
Ta caravelle perd son gouvernail d'étambot. Retourne à la case départ.	Le marin chargé du guet voit la terre. Avance de deux cases.	Le roi te confie la gestion de sa colonie. Tu as gagné.
Tes marins sont atteints du scorbut. Passe ton tour.	La terre découverte n'est pas l'Inde. Recule de deux cases.	

9

LES RÉVOLUTIONS AMÉRICAINE ET FRANÇAISE

« On fait des révolutions quand le peuple n'a rien à perdre et tout à gagner. »
Alice Parizeau, dans le roman *Rue Sherbrooke Ouest*. Cercle du livre de France, 1967.

« Il ne peut y avoir de révolution que là où il y a conscience. »
Jean Jaurès. *Études socialistes*, Les Éditions Rieder, 1901.

La révolution américaine

La lourdeur des impôts que les colons américains devaient payer à l'Angleterre a été l'une des principales causes de la révolution américaine. Cette gravure illustre le sort réservé aux percepteurs – en l'occurrence le traître Johnny Malcolm – par « Les fils de la Liberté ». Au fond, le navire depuis lequel des opposants aux fonctionnaires anglais vident des caisses de thé dans la mer, une scène qui rappelle le *Boston Tea Party*.

(Phillip Dawe, 1774, collection particulière)

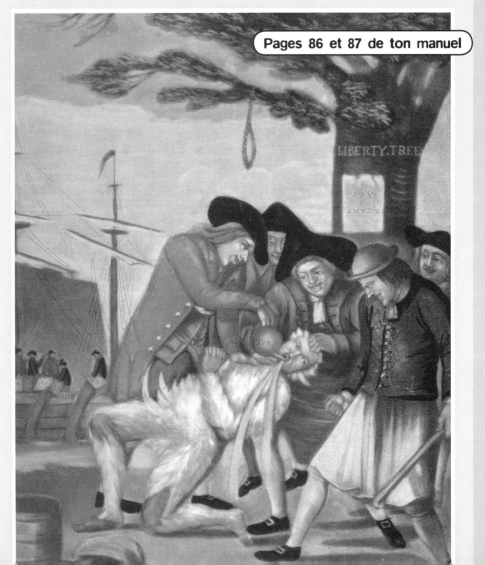

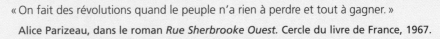

Pages 86 et 87 de ton manuel

⊢ **Pages 86 et 87 de ton manuel**

A JE DÉCOUVRE LES RÉVOLUTIONS AMÉRICAINE ET FRANÇAISE

1 Examine le titre, les images et la légende qui décrivent la Révolution française à la page 86 de ton manuel.

a) Selon toi, pourquoi la Révolution française a-t-elle eu lieu?

b) Qu'est-ce qui a incité le peuple à vouloir destituer le roi?

c) En te basant sur les dessins d'Épinal, comment décrirais-tu cette révolution?

2 Examine à la page 61 de ton cahier le titre, l'image et la légende qui décrivent la révolution américaine.

a) Quelles sont deux des causes de la révolution américaine?

b) Selon toi, de quoi les révolutionnaires voulaient-ils se libérer?

c) Pourquoi les percepteurs étaient-ils perçus comme des traîtres?

3 Quelle différence vois-tu entre la Révolution française et la révolution américaine?

4 Quelles similarités vois-tu entre ces deux événements?

5 Selon toi, qu'est-ce qu'une révolution ?

> ### Je définis les concepts
>
> Selon moi, une révolution, c'est...

B JE SITUE LES LIEUX

1 Examine la carte ci-dessous.

Les treize États-Unis d'Amérique en 1776.

⊢ **Pages 88 et 89 de ton manuel**

a) Que remarques-tu au sujet de la taille des treize colonies entre 1776 et 1783 ?

b) Selon toi, qui a établi la frontière ouest avant 1783, limitant l'expansion des colonies américaines ?

c) À ton avis, pourquoi la situation territoriale avant le Traité de Paris, pourrait-elle être une source de conflit entre les colons américains et la couronne britannique ?

d) Dans quel but l'Angleterre fonde-t-elle des colonies ?

2 Sur la carte ci-dessous, situe les lieux énumérés.

a) Place d'abord tes points de repère :

- L'océan Atlantique   • Québec   • Montréal

b) Situe les lieux suivants :

- Boston
- Caroline du Nord
- Caroline du Sud
- Charleston
- Connecticut
- Delaware
- Géorgie
- Jamestown
- Maryland
- Massachusetts
- New Hampshire
- New Jersey
- New York (ville)
- New York
- Philadelphie
- Plymouth
- Rhode Island
- Savannah
- Virginie
- Williamsburg

NORD

300 km

⊢Pages 88 et 89 de ton manuel

c) Trace les limites ouest des treize colonies au moment de la Déclaration d'indépendance (1776).

C JE SITUE L'ÉPOQUE

1 Examine la ligne du temps aux pages 88 et 89 de ton manuel.

a) Quel était le but de l'expansion européenne dans le monde?

b) Quel système économique était à la base de cette expansion?

c) Selon toi, quels éléments de ce système économique pourraient déplaire aux colons établis dans les treize colonies?

J'émets une hypothèse

Selon moi, le mercantilisme déplaît au treize colonies parce que...

d) Selon toi, quel lien y a-t-il entre la révolution américaine et la Révolution française?

⊢ **Pages 94 et 95 de ton manuel**

A LES IDÉES DES LUMIÈRES ÉTAIENT-ELLES RÉVOLUTIONNAIRES ?

PISTE DE RECHERCHE

1 Lis le document 1 à la page 94 de ton manuel.

UN DROIT ET LA CONSÉQUENCE DE SON APPLICATION

a) Selon Jaucourt, sur quoi le droit à l'égalité est-il basé ?

_____

_____

b) Selon toi, quel est l'impact de ce principe sur le régime politique français ?

_____

_____

_____

_____

c) Selon toi, en quoi cette idée est-elle révolutionnaire ?

_____

_____

2 Lis le document 2 à la page 94 de ton manuel.

UN DROIT ET LA CONSÉQUENCE DE SON APPLICATION

a) À quel droit Diderot fait-il référence ?

_____

b) Quelle institution est directement visée par cette proposition de Diderot ?

_____

c) D'où vient la liberté, selon Diderot ?

_____

d) En quoi cette idée est-elle révolutionnaire ?

_____

3 Lis le document 3 à la page 94 de ton manuel.

a) Selon toi, pourquoi un seul homme ne peut-il exercer le pouvoir législatif, le pouvoir exécutif et le pouvoir juridique?

_____

_____

_____

_____

_____

_____

b) En quoi cette idée est-elle révolutionnaire?

_____

_____

4 Lis le document 4 à la page 95 de ton manuel.

a) Selon Locke, qu'est-ce qui lie les princes et les magistrats au peuple qu'ils gouvernent?

_____

_____

b) Dans quelles conditions le peuple peut-il se soulever contre son gouvernement?

_____

_____

c) En quoi cette idée est-elle révolutionnaire?

_____

_____

5 Lis le document 5 à la page 95 de ton manuel.

a) En quoi le principe de tolérance tel qu'il est énoncé par Voltaire est-il une menace à l'autorité du roi?

_____

b) En quoi cette idée est-elle révolutionnaire?

_____

_____

UN DROIT ET LA CONSÉQUENCE DE SON APPLICATION

6 Lis le document 6 à la page 95 de ton manuel.

a) Selon Bossuet, d'où vient l'autorité du roi ?

_____

b) Que sous-entend une telle croyance ?

_____

_____

B POURQUOI FAIRE UNE RÉVOLUTION ?

En France...

1 Lis le texte suivant.

a) Souligne dans le texte la doléance exprimée par le peuple dans chacun des domaines suivants : impôts, justice, accès au pouvoir, responsabilité ministérielle. Place ensuite ces doléances dans la deuxième colonne du tableau de la page 69.

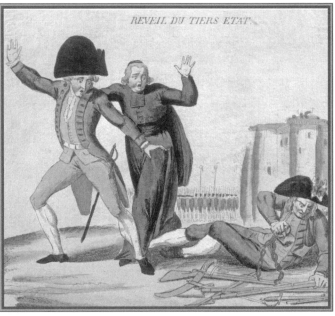

REVEIL DU TIERS ETAT.

Réveil du tiers état, de Gianni Dagli Orti, 1789.
(Gianni Dagli Orti/CORBIS)

Bien que la monarchie française soit absolue – elle contrôle la justice et elle attribue les charges gouvernementales à ses proches –, le pouvoir économique est de plus en plus entre les mains des bourgeois, qui s'enrichissent du commerce international, entre autres. Or, ce pouvoir économique s'ajoute aux ambitions politiques nourries notamment par les idées de liberté et d'égalité des philosophes des Lumières. La crise éclate dans un contexte de difficultés financières de la couronne, de lutte entre l'aristocratie et la bourgeoisie pour l'accès aux hautes charges politiques, que la première refuse à la deuxième, de mauvaises récoltes, de chômage et de disette. Pour remplir les coffres de l'État, les contrôleurs des finances exigent une réforme de l'impôt selon laquelle le fardeau doit reposer sur tous, y compris le clergé et l'aristocratie qui, jusqu'à présent, avaient éviter d'en payer. Naturellement, les membres du clergé et de l'aristocratie s'opposent à cette réforme et les États généraux sont convoqués pour résorber la crise.

Le tiers état, dont font partie les bourgeois, exprime son mécontentement dans les cahiers de doléances. On reproche au roi d'exiger des impôts trop lourds qui menacent leur survie, et aux magistrats et aux ministres d'utiliser leur pouvoir pour servir leurs propres intérêts.

b) Complète maintenant la troisième colonne à l'aide d'un ou de plusieurs des principes des Lumières qui peuvent être invoqués pour appuyer les revendications du tiers état. Choisis le ou les principes dans l'encadré qui suit.

> Égalité – Séparation des pouvoirs – Liberté – Tolérance – Droit de révolte

DOMAINE	DOLÉANCE DU TIERS ÉTAT	PRINCIPE INVOQUÉ
Impôts		
Justice		
Accès au pouvoir		
Responsabilité ministérielle		

c) En quoi les doléances du peuple constituent-elles une menace à l'autorité du roi ?

⊢ Pages 96 et 97 de ton manuel

Dans les treize colonies d'Amérique...

2 Lis le texte suivant.

a) Souligne dans le texte la doléance exprimée par les colons dans chacun des domaines suivants : taxes et impôts, accès au pouvoir, commerce, expansion territoriale. Place ensuite ces doléances dans la deuxième colonne du tableau qui suit le texte.

Les treize colonies d'Amérique ont bénéficié d'une grande latitude dans l'établissement de leurs institutions. En effet, bien que les colons ne puissent siéger au Parlement britannique, ils jouissent d'une certaine indépendance politique grâce à leurs assemblées représentatives. De plus, malgré une politique mercantile qui favorise l'enrichissement de la métropole, en octroyant des monopoles d'exploitation des colonies, la couronne britannique a laissé aux compagnies le soin de gérer le commerce. Ces dernières en profitent pour développer des économies très diversifiées qui rendront rapidement les colonies autosuffisantes. Cependant, les guerres ont vidé les coffres de l'Angleterre qui entreprend dès 1760 une réforme de ses politiques coloniales afin d'en retirer le maximum de profit. Les colons des treize colonies, habitués à une indépendance relative, se heurtent brusquement à une politique contraignante et doivent payer des taxes et impôts qu'ils jugent injustes. Parmi les actes établis par le roi d'Angleterre, actes dit "intolérables" par les colons, on trouve :

– la Proclamation royale de 1763 qui freine l'expansion territoriale vers l'ouest en créant un territoire autochtone ;

– l'impositionde taxes sur le sucre, le thé et autres denrées (*Sugar Act, Currency Act*) pour renflouer les coffres de l'Angleterre aux dépens des colonies ;

– l'obligation pour les colons d'héberger et de nourrir les soldats britanniques envoyés sur leur territoire ;

– la limitation du commerce maritime et du développement des industries dans le but de favoriser les industries anglaises au détriment des colonies (*Navigation Act*) ;

Devant la grogne générale, le Parlement britannique place les assemblées représentatives sous son autorité et révoque leur pouvoir.

⊩Pages 96 et 97 de ton manuel

b) Complète maintenant la troisième colonne à l'aide d'un ou de plusieurs des principes des Lumières qui peuvent être invoqués pour appuyer les revendications des treize colonies. Choisis le ou les principes dans l'encadré qui suit.

> Égalité – Séparation des pouvoirs – Liberté – Tolérance – Droit de révolte

DOMAINE	DOLÉANCE DES COLONS	PRINCIPE INVOQUÉ
Taxes et impôts		
Accès au pouvoir		
Commerce		
Expansion territoriale		

c) En quoi les doléances des colons menacent-elles l'autorité de l'Angleterre?

_____

_____

_____

C APRÈS LA RÉVOLUTION, QUEL RÉGIME POLITIQUE CHOISIR?

1 Lis les déclarations suivantes.

Document 1

La Déclaration des droits de l'homme et du citoyen en France

« **Article premier** – Les hommes naissent et demeurent libres et égaux en droits. Les distinctions sociales ne peuvent être fondées que sur l'utilité commune.

Article II – Le but de toute association politique est la conservation des droits naturels et imprescriptibles de l'homme. Ces droits sont la liberté, la propriété, la sûreté et la résistance à l'oppression. »

Extraits de la Déclaration des droits de l'homme et du citoyen, 26 août 1789

L'Assemblée nationale de France

Document 2

La Déclaration d'Indépendance des treize États unis d'Amérique

« Nous tenons comme évidentes pour elles-mêmes les vérités suivantes: tous les hommes sont créés égaux; ils sont doués par le Créateur de certains droits inaliénables; parmi ces droits se trouvent la vie, la liberté et la recherche du bonheur. Les gouvernements sont établis parmi les hommes pour garantir ces droits, et leur juste pouvoir émane du consentement des gouvernés. »

Extrait de la Déclaration d'Indépendance, 4 juillet 1776.

le Capitol, à Washington, siège du congrès et du sénat américain
(Morton Beebe/(CORBIS)

⊢Pages 98 et 99 de ton manuel

a) Quel genre de régime politique est exclu selon les deux premiers articles de la Déclaration des droits de l'homme et du citoyen (document 1)?

_____

_____

b) Quel est le but d'un gouvernement selon le second article du document 1?

_____

_____

_____

c) Quel est le but d'un gouvernement selon la Déclaration d'Indépendence américaine (document 2)?

_____

_____

d) Selon le document 2, de qui émane le pouvoir du gouvernement?

_____

_____

e) Quelle est la principale différence entre les deux textes?

_____

_____

2 Compare les deux déclarations et indique en quoi elles se ressemblent ou se distinguent l'une de l'autre en ce qui concerne les aspects de la première colonne.

Les déclarations des droits		
ASPECT	**DÉCLARATION DES DROITS DE L'HOMME ET DU CITOYEN EN FRANCE**	**DÉCLARATION D'INDÉPENDANCE DES TREIZE ÉTATS UNIS D'AMÉRIQUE**
Nature des hommes	Naissent et demeurent libres et égaux en droits	_____ _____
Droits	_____ _____	_____ _____
Nature des droits	Naturels et imprescriptibles	_____
But du gouvernement	_____	_____

D LES MÊMES DROITS POUR TOUS ?

1 Lis les énoncés suivants.

Aux États-Unis...

I « Le roi de l'Angleterre a cherché à attirer sur les habitants de nos frontières les Indiens, ces sauvages sans pitié… »
Déclaration d'Indépendance, 4 juillet 1776.

II « Si vous étiez colons, vous saviez que votre technologie était supérieure à celle des autochtones. Vous saviez que vous étiez civilisés et eux, sauvages… »
Howard Zinn. *Une histoire populaire des États-Unis – de 1492 à nos jours.* Traduction Frédéric Cotton © Agonelux. p. 25.

III « Les bons maîtres ne prenaient pas au sérieux la croyance que les Noirs étaient des esclaves-nés. Ils savaient que les Noirs fraîchement importés de l'Afrique devaient être brisés… »
Ibid., p.35

IV « Il y avait, au XVIIe siècle, une peur réelle que les servants se joindraient aux Noirs et aux autochtones pour renverser le petit nombre de maîtres… »
Ibid., p. 53.

V « Environ 10 % de la population blanche, grands propriétaires terriens et marchands, […] détenaient la moitié de la richesse du pays et possédaient comme esclaves le septième de la population du pays. »
Ibid., p. 79.

VI « Le Congrès continental, qui gouvernait les colonies pendant la guerre, était dominé par les riches, liés les uns aux autres dans des factions et des ententes commerciales et des liens de familles. »
Ibid., p. 80.

VII « Le recours à la phrase… « tous les hommes sont créés égaux » n'était pas une tentative délibérée de faire une déclaration au sujet des femmes. C'était tout simplement que les femmes n'étaient pas considérées dignes d'inclusion. Elles étaient politiquement invisibles. »
Ibid., p. 73.

a) En te basant sur les énoncés que tu viens de lire, remplis le tableau suivant en indiquant la ou lesquelles des conclusions présentées dans l'encadré peuvent être associées à chacun des groupes sociaux de la première colonne.

> A. groupe considéré comme inférieur
> B. groupe considéré comme la propriété de quelqu'un
> C. Groupe sans aucun droit
> D. Groupe qui n'est pas considéré dans la Déclaration d'Indépendance
> E. Groupe qui ne retire rien de la Déclaration d'indépendance

⊢Pages 100 et 101 de ton manuel

LE STATUT SOCIAL ET POLITIQUE DES GROUPES SOCIAUX

GROUPE SOCIAL	CONCLUSIONS QUI DÉCRIVENT LE MIEUX LE STATUT SOCIAL ET POLITIQUE
Autochtones	
Pauvres	
Femmes	
Esclaves	

En France

2 Lis le document 5 à la page 101 de ton manuel.

a) Associe les groupes sociaux à gauche à l'ordre auquel l'auteur du document fait référence (à droite). Réponds en indiquant le bon chiffre dans les parenthèses à gauche.

A. Les paysans et les ouvriers (___)   1. Ceux qui combattent (la noblesse)

B. Le clergé (___)   2. Ceux qui prient

C. Les militaires et leurs dirigeants (___)   3. Ceux qui travaillent (le tiers état)

b) Selon toi, lequel de ces groupes est le plus puissant?

_____

c) De quel groupe la société française entière dépend-elle pour survivre?

_____

3 Lis le document 4 à la page 101 de ton manuel.

a) Selon toi, pourquoi l'Assemblée a-t-elle décidé de vendre les terres plutôt que de les donner aux paysans?

_____

_____

_____

b) Selon toi, en quoi cela va-t-il à l'encontre de la Déclaration des droits de l'homme et du citoyen (p. 72)?

_____

_____

⊦ **Pages 100 et 101 de ton manuel**

4 Lis le document 2 à la page 100 de ton manuel.

a) Selon toi, le calendrier révolutionnaire ci-contre représente-t-il bien la situation de tous les Français ? Pourquoi ?

_____

_____

_____

_____

_____

b) Selon toi, pourquoi les femmes voulaient-elles participer à la vie politique ?

_____

_____

_____

_____

Calendrier révolutionnaire : « Unité, Indivisibilité de la République. Liberté, Égalité, Fraternité, ou la Mort. »
(Gianni Dagli Orti / CORBIS)

_____

_____

_____

_____

c) Selon toi, pourquoi les hommes ont-ils refusé leur participation ?

_____

_____

_____

_____

_____

_____

5 Quelles sont les caractéristiques d'une personne qui peut jouir des droits des déclarations française et américaine ?

- _____
- _____
- _____
- _____

mot mystère

- Révolte
- justice
- droit
- loi
- ordres
- gagner
- riche
- révolution
- lumières
- égalité
- démocratie
- régime
- liberté
- impôt

r	e	v	o	l	t	e	f	i	o
j	u	s	t	i	c	e	n	o	e
g	d	t	i	o	r	d	a	l	h
a	r	o	r	d	r	e	s	m	c
g	e	e	t	i	l	a	g	e	i
n	g	e	i	m	p	o	t	n	r
e	i	t	a	r	c	o	m	e	d
r	m	t	e	t	r	e	b	i	l
r	e	v	o	l	u	t	i	o	n
a	l	s	e	r	e	i	m	u	l

Quel est le mot mystère ? _____

⊢ Pages 104 à 107 de ton manuel

...la révolution américaine

LE POINT SUR...

1 Pour quelles raisons les treize colonies se sont-elles révoltées ?

-
-
-
-

2 Quel important changement politique cette révolution a-t-elle entraîné ?

3 Quels droits constituent le fondement du régime politique choisi par les Américains ?

4 Explique en quoi les institutions américaines établies par la Constitution respectent les droits et les principes présentés aux pages 94 et 95 de ton manuel. Pour y arriver :

a) Associe l'institution américaine aux ensembles de caractéristiques présentés dans la colonne de droite. Réponds en indiquant la bonne lettre dans les parenthèses de la colonne de gauche.

1. (_____) LE PRÉSIDENT	A. élu par les citoyens, vote les lois et le budget, peut destituer le président
2. (_____) LE CONGRÈS	B. élu pour quatre ans, nomme les juges de la Cour suprême et commande l'armée
3. (_____) LA COUR SUPRÊME	C. contrôle le pouvoir du président et fait respecter la Constitution

⊩Pages 104 à 107 ; 108 à 111 de ton manuel

b) Explique en tes mots comment les institutions américaines respectent le principe de « séparation des pouvoirs ».

5 Reprends l'ouverture de la Déclaration d'Indépendance à la page 72 et reformule-la afin que tous les membres de la société américaine soient représentés et que leurs droits soient respectés.

...la Révolution française

1 Quelles sont les causes de la Révolution française ?

•
•
•

2 Pourquoi les représentants du tiers état se sont-ils engagés à rédiger une nouvelle Constitution ?

3 À quel principe ou à quel droit présenté aux pages 94 et 95 peux-tu associer la prise de la Bastille ?

⊩Pages 108 à 111 de ton manuel

4 En quoi le régime de la Terreur va-t-il à l'encontre des droits fondamentaux ?

_____

_____

5 En quoi l'œuvre de Delacroix présentée à la page 110 est-elle ironique ?

_____

_____

6 Selon toi, quels groupes de députés ont le plus profité de la Révolution ? Pourquoi ?

_____

_____

_____

_____

7 Fais une petite recherche sur les symboles présents dans cette affiche. Encercle ces symboles et explique leur signification.

La Déclaration des droits de l'homme et du citoyen : _____

_____

Le triangle et le fil à plomb : _____ .

_____

Le bonnet rouge : _____

_____

_____

Un faisceau de licteur : _____

_____

_____

Affiche portant sur l'égalité, par Letourmy, 1789-1804
(Bettmann/CORBIS)

◖▸Pages 112 et 113 de ton manuel

...les révolutions américaine et française

1 Quels principes ont inspiré les révolutionnaires américains et français ?

_____

_____

2 Quel est le principal changement provoqué par les révolutions ?

_____

_____

3 Que revendiquaient les révolutionnaires ?

_____

_____

4 Quel régime politique les révolutionnaires américains et français ont-ils choisi ?

_____

5 Qui a profité des révolutions ?

_____

6 Définis le concept de « citoyen » tel qu'il est appliqué par les institutions américaines et françaises.

En 1791, le citoyen américain, c'est… _____

Ce n'est pas… _____

En 1792, le citoyen français, c'est… _____

Ce n'est pas… _____

...les concepts

DÉMOCRATIE

SÉPARATION DES POUVOIRS   HIÉRARCHIE SOCIALE

CITOYEN   JUSTICE

DROITS

RÉVOLUTION   PHILOSOPHIE

RÉGIME POLITIQUE   SIÈCLE DES LUMIÈRES

Je définis les concepts

1. Formule ta propre définition du concept de *citoyen* afin de respecter les droits fondamentaux présentés aux pages 94 et 95 de ton manuel.

Selon moi, un citoyen c'est...

_____

_____

_____

2 Définis les concepts à l'aide des mots clés suivants.

- soulèvement
- ensemble de règles
- principe immuable
- autorité gouvernementale
- changement politique et social
- ce qui est permis et reconnu

- société
- nation
- équité
- collectivité
- citoyens

Je définis les concepts

Selon moi, un droit fondamental, c'est...

_____

_____

(*Petit Robert*, 1993, p. 690.)

Je définis les concepts

Selon moi, un régime politique, c'est...

_____

_____

Je définis les concepts

Selon moi, une révolution, c'est...

_____

_____

AILLEURS...

◀Pages 120 à 125 de ton manuel

LA RUSSIE TSARISTE

Je compare des civilisations afin de mieux définir les concepts.

Le tableau ci-dessous établit une comparaison entre la situation des États-Unis et de la France postrévolutionnaires et celle de la Russie.

a) Coche les énoncés qui décrivent le mieux la situation de la Russie tsariste.

b) Indique à quelle page tu as trouvé l'information.

Aspect de comparaison	États-Unis et France au XVIIIᵉ siècle	Russie entre 1692 et 1855
DÉTENTEUR DU POUVOIR SOUVERAIN	Le peuple	○ Tsar ○ Le roi, la reine ○ Le peuple, par l'entremise de représentants MANUEL page :
RÉGIME POLITIQUE	Démocratie républicaine	○ Monarchie constitutionnelle ○ Monarchie absolue ○ Démocratie républicaine MANUEL pages :
DÉFINITION DU CITOYEN	Homme blanc (et propriétaire, aux Etats-Unis)	○ Homme blanc, propriétaire ○ Membre de la noblesse ○ Il n'y a pas de citoyens MANUEL page :
QUI PARTICIPE AUX DÉCISIONS DE L'ÉTAT?	Les citoyens, par l'entremise de représentants	○ L'assemblée des nobles ○ Le peuple ○ Le tsar et ses conseillers MANUEL pages :
LES POUVOIRS LÉGISLATIF, EXÉCUTIF ET JURIDIQUE SONT-ILS SÉPARÉS?	Oui	○ Non, la monarchie est absolue. ○ Le roi détient les pouvoirs législatif et exécutif. ○ Les magistrats sont indépendants. MANUEL pages :

◀ **Pages 120 à 125 de ton manuel**

(suite)

Aspect de comparaison	États-Unis et France au XVIIIᵉ siècle	Russie entre 1692 et 1855
COMMENT LA SOCIÉTÉ EST-ELLE HIÉRARCHISÉE?	Les riches ont beaucoup de pouvoir, les femmes et les pauvres n'en ont pas (aux États-Unis, les autochtones et les esclaves non plus)	○ La grande bourgeoisie a beaucoup de pouvoir; les femmes et les serfs n'en ont pas. ○ C'est une société égalitaire. ○ Seule la noblesse détient le pouvoir, les serfs sont des esclaves. MANUEL pages :
COMMENT LES PHILOSOPHES DES LUMIÈRES ONT-ILS INFLUENCÉ LE PAYS?	La révolution qui provoque un changement d'une monarchie en une république est fondée sur l'égalité, la liberté, le droit de révolte, la tolérance et la séparation des pouvoirs.	○ La tsarine Catherine invite les philosophes et adopte leurs idées sur le gouvernement idéal. ○ La tsarine Catherine acquiert une importante collection d'œuvres d'art. ○ La tsarine Catherine abolit le servage. MANUEL pages :

ET AUJOURD'HUI...

⊩Pages 128 et 129 de ton manuel

JE FAIS APPEL À MON ESPRIT CRITIQUE

1 Selon toi, pourquoi a-t-on jugé bon de rédiger la Convention internationale des droits de l'enfant?

_____

_____

_____

_____

_____

_____

_____

_____

2 Selon toi, pourquoi les États-Unis et la Somalie ont-ils refusé de signer la Convention internationale des droits de l'enfant?

_____

_____

_____

_____

3 Selon toi, pourquoi cette Convention est-elle si peu respectée?

_____

_____

_____

_____

_____

◀┤Pages 128 et 129 de ton manuel

4 Selon toi, quels sont les avantages pour une entreprise de faire travailler un enfant plutôt qu'un adulte?

_____

_____

_____

_____

_____

5 Selon toi, en quoi la situation des enfants a-t-elle des conséquences néfastes sur l'avenir du monde?

_____

_____

_____

_____

_____

_____

_____

_____

_____

_____

Ils l'ont dit...

«Sur la balance de la mondialisation, une tête d'enfant du tiers-monde pèse moins lourd qu'un hamburger.»

Fatou Diome, _Le ventre de l'Atlantique_. Éditions Anne Carrière, 2003.

UN RÉVOLUTIONNAIRE DE SON TEMPS : BENJAMIN FRANKLIN

Né en 1706 à Boston, Benjamin Franklin commence sa vie comme imprimeur de journaux. Il établit ensuite à Philadelphie sa propre maison d'édition et fonde la *Pennsylvania Gazette*, qui lui sert de tribune pour exposer ses idées démocratiques et abolitionnistes. En 1731, il contribue à la fondation de la première bibliothèque publique de Philadelphie et, quelques années plus tard, il participe à la création d'une université. Il devient également un scientifique de grande renommée et invente le paratonnerre. Fortement influencé par les philosophes des Lumières, il participe au gouvernement de sa colonie et s'oppose farouchement aux impôts du roi britannique. Élu membre du Continental Congress, Benjamin Franklin participera à la rédaction de la Déclaration d'Indépendance en 1776. Il termine sa vie en militant pour l'abolition de l'esclavage aux États-Unis.

Benjamin Franklin
(Bettmann/CORBIS)

1 À quelles idées révolutionnaires Franklin adhère-t-il?

_____

_____

_____

_____

_____

_____

_____

artisane et artisan

UNE RÉVOLUTIONNAIRE DE SON TEMPS : OLYMPE DE GOUGES

Marie Gouze, dite Olympe de Gouges, est née en 1745 à Quercy, en France. Après le décès de son mari, elle s'installe à Paris où elle publie des affiches politiques, des manifestes et des pièces de théâtre dans lesquels transparaissent ses idéaux démocratiques : égalité des sexes, y compris dans les engagements conjugaux et les séparations, jury populaire pour les crimes et délits, solidarité avec les plus démunis, impôts sur le revenu, libération des esclaves dans les colonies françaises, abolition de la peine de mort, etc. Elle sera décapitée par Robespierre pendant la Terreur.

Olympe de Gouges
(BNF)

1 En quoi les idées d'Olympe de Gouges comblent-elles les lacunes de la Déclaration des droits de l'homme et du citoyen ?

_____

_____

_____

_____

_____

2 Imagine que tu es Olympe de Gouges et que tu veux convaincre les membres de l'Assemblée d'accorder aux femmes les droits du citoyen. Écris un court texte qui explique ta position.

_____

_____

_____

_____

NOM   GROUPE   DATE

1 *La Marseillaise*, chant patriotique composé par Rouget de Lisle, est devenue l'hymne national français en 1795.

a) Lis l'extrait qui suit.

Allons enfants de la Patrie,

Le jour de gloire est arrivé!

Contre nous de la tyrannie,

L'étendard sanglant est levé, (bis)

Entendez-vous dans les campagnes

Mugir ces féroces soldats?

Ils viennent jusque dans vos bras

Égorger vos fils et vos compagnes!

Refrain

Aux armes, citoyens,

Formez vos bataillons,

Marchons, marchons!

Qu'un sang impur

Abreuve nos sillons!

[...]

Amour sacré de la Patrie,

Conduis, soutiens nos bras vengeurs

Liberté, Liberté chérie,

Combats avec tes défenseurs! (bis)

Sous nos drapeaux que la victoire

Accoure à tes mâles accents,

Que tes ennemis expirants

Voient ton triomphe et notre gloire!

b) Imagine que tu veux inciter les femmes, les esclaves, les autochtones et les pauvres des États-Unis à se révolter contre l'injustice. Compose un chant d'un couplet et d'un refrain qui saura les convaincre de défendre leurs droits fondamentaux.

2 Relis les descriptions des groupes de députés dans le document 2 à la page 110 de ton manuel.

Imagine un emblème et un slogan représentant chaque groupe dans le but de convaincre les autres de la justesse de sa position.

GROUPE	EMBLÈME	SLOGAN
Les Feuillants		
Les Girondins		
Les Jacobins		
Les sans-culottes		

NOM   GROUPE   DATE

En t'inspirant de l'affiche présentée au numéro 7 de la page 80 de ce cahier, prépare une affiche qui représente soit la liberté, soit la fraternité. Assure-toi d'y inclure au moins 4 symboles propres à la Révolution française.

10

L'INDUSTRIALISATION : UNE RÉVOLUTION ÉCONOMIQUE ET SOCIALE

« Tous les progrès sont précaires, et la solution d'un problème nous confronte à un autre problème. »
Martin Luther King, *La force d'aimer*. Casterman, 1968.

« La civilisation a pour but, non pas le progrès de la science et des machines, mais celui de l'homme. »
Alexis Carrel, *L'homme, cet inconnu*. Plon, 1999.

Le convertisseur de Bessemer

L'industrialisation, aussi appelée « la révolution industrielle », a été une période d'innovations et d'inventions. Les industries étaient toujours à la recherche de nouvelles idées et de nouvelles méthodes qui leur permettraient de produire des matériaux et des biens plus rapidement et à meilleur coût. Sir Henry Bessemer (1813-1898), un inventeur britannique, a mis au point un procédé pour transformer la fonte en acier. Le procédé de Bessemer nécessitait l'utilisation d'un four enduit d'un revêtement intérieur spécial dans lequel était insufflé de l'air comprimé.

Usine de fabrication d'acier de Bessemer. L'affinage du fer dans les convertisseurs et le coulage des lingots fondus.

(Gravure, 1876)

Pages 130 et 131 de ton manuel

⊩Pages 130 et 131 de ton manuel

A   JE DÉCOUVRE L'INDUSTRIALISATION: UNE RÉVOLUTION ÉCONOMIQUE ET SOCIALE

1 Examine attentivement le titre, l'image et la légende à la page 93.

a) Selon toi, que signifie le terme «révolution» dans ce contexte?

b) Que révèle cette image à propos des conditions de travail?

c) Quel motif est à l'origine de la révolution industrielle?

d) Selon toi, en quoi l'industrialisation a-t-elle changé le monde du travail?

> **J'émets une hypothèse**
>
> Selon moi, l'industrialisation a changé le monde du travail parce que...

JE SITUE LES LIEUX

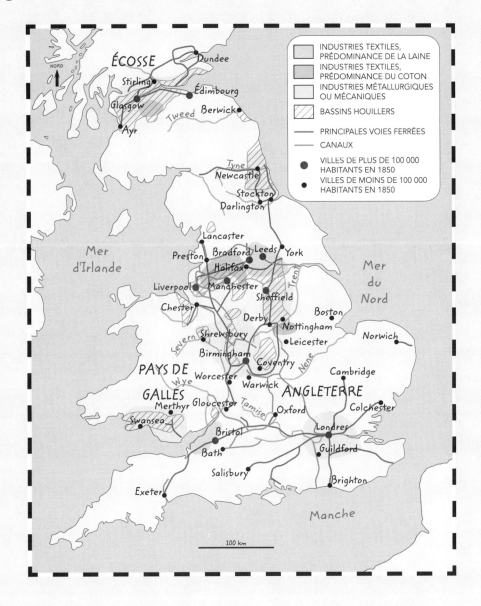

1 Examine la carte.

a) En quoi la situation géographique de la Grande-Bretagne est-elle avantageuse pour le commerce ?

⊩ **Pages 132 et 133 de ton manuel**

b) Que trouve-t-on aux abords des grandes villes industrielles ?

c) En quoi cela favorise-t-il l'industrialisation ?

d) Qu'ont en commun les villes en expansion ?

2 Sur la carte ci-dessous, situe les lieux énumérés.

a) Place d'abord tes points de repère :

- Mer du Nord
- Manche
- Écosse
- Angleterre
- Londres
- Édimbourg

b) Situe les centres suivants :

- Swansea
- Bristol
- Birmingham
- Liverpool
- Manchester
- Sheffield
- Leeds
- Bradford

PRINCIPALES VOIES FERRÉES

NORD

100 km

C JE SITUE L'ÉPOQUE

1 Observe la ligne du temps aux pages 132 et 133 de ton manuel.

Quels mouvements sociaux, politiques et économiques ont précédé la révolution industrielle en Angleterre?

2 a) Qu'est-ce qui a permis aux navigateurs d'explorer le monde?

b) En quoi cela a-t-il eu un impact sur l'industrialisation?

3 Quel a été l'impact de l'expansion européenne sur l'industrialisation en Angleterre?

4 Selon toi, pourquoi y a-t-il eu une révolution économique et sociale en Angleterre à cette époque?

J'émets une hypothèse

La révolution industrielle en Angleterre se produit vers la fin du XVIIIᵉ siècle parce que...

⊢ **Pages 138 et 139 de ton manuel**

PISTE DE RECHERCHE 1

Ⓐ UNE RÉVOLUTION SOCIALE CHEZ LES RICHES ?

1 Examine attentivement les documents suivants.

La machine à vapeur
Labourage à la vapeur. Une machine à vapeur est utilisée pour tirer une charrue à Grimthorpe, en Angleterre.
(CORBIS)

Le métier à tisser mécanique. L'invention du métier à tisser à vapeur a permis d'accélérer grandement la production du tissu. En outre, ce métier était si facile à utiliser qu'on pouvait engager des personnes sans formation au lieu des artisans spécialisés qu'il fallait payer beaucoup plus cher.
(Stapleton Collection/CORBIS)

a) Quel type d'énergie la machine à vapeur remplace-t-elle ?

b) Que représente la première image ?

c) Selon toi, quel est l'impact d'une telle invention ?

d) Selon toi, les fermiers possédaient-ils tous une machine à vapeur ?

⊩Pages 138 et 139 de ton manuel

e) Selon toi, quels sont les avantages de la machine à vapeur dans les industries ?

f) Selon toi, quels sont les désavantages de cette machine ?

g) Quels sont les principaux avantages du métier à tisser à vapeur ?

h) Quel est l'impact social d'une telle invention ?

2 a) Lis les textes suivants.

1. Pour réussir à produire des biens qui pouvaient être vendus (des tissus, des vêtements, des chaussures, par exemple), les bourgeois devaient engager des artisans spécialisés et leur verser des salaires élevés. De plus, la fabrication des produits nécessitait beaucoup de temps. Comme les coûts de production étaient élevés, les biens devaient être vendus à prix fort pour réaliser des profits.

2. Les propriétaires terriens ne cultivaient pas eux-mêmes les champs. Ils faisaient plutôt travailler des paysans et vendaient ensuite leurs produits dans les villes et ailleurs en Europe. Ces activités n'étaient pas toujours rentables, parce que les récoltes n'étaient pas toujours bonnes. De plus, une part des profits servait à payer les paysans.

3. Les propriétaires qui arrivaient à accroître leur production grâce aux nouvelles technologies pouvaient baisser leur prix et augmenter les ventes. Les entreprises qui ne parvenaient pas à suivre fermaient leurs portes ou étaient rachetées par des propriétaires plus riches.

⊢ Pages 138 et 139 de ton manuel

b) Dans le tableau suivant, résume l'impact de l'industrialisation sur les propriétaires terriens et les bourgeois. À l'aide des trois textes de la page précédente, identifie les problèmes qui précèdent l'industrialisation dans la deuxième colonne et les solutions apportées dans la troisième colonne.

L'impact de l'industrialisation sur les riches		
	PROBLÈME	**IMPACT DE L'INDUSTRIALISATION**
Propriétaires terriens		
Bourgeois		
	Pour avoir raison des concurrents et faire plus de profits, il faut produire plus et plus vite.	

B UNE RÉVOLUTION SOCIALE CHEZ LES PAUVRES ?

1 Lis le texte suivant.

Les petits propriétaires terriens étaient incapables de concurrencer les grands propriétaires et leurs machines, qui permettaient d'employer moins de travailleurs tout en augmentant la production. Contraints de vendre leurs terres aux riches propriétaires, les petits propriétaires s'exilaient dans les villes pour trouver du travail. Il y avait donc de moins en moins de propriétaires terriens, mais ils possédaient de plus en plus de terres. C'est ce que l'on appelle la « concentration des terres ».

Du côté des manufacturiers, l'innovation technologique qui permettait d'embaucher des travailleurs non spécialisés a eu un impact dévastateur chez les artisans. Privés de moyens de subsistance, ces derniers devaient accepter des emplois moins payants ou rester sans travail.

2 Complète les phrases du schéma en t'inspirant du document du numéro 1.

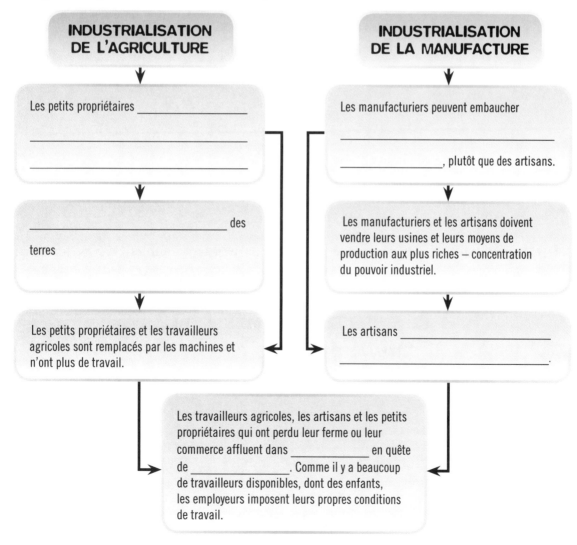

INDUSTRIALISATION DE L'AGRICULTURE

Les petits propriétaires _____ _____ _____

_____ des terres

Les petits propriétaires et les travailleurs agricoles sont remplacés par les machines et n'ont plus de travail.

INDUSTRIALISATION DE LA MANUFACTURE

Les manufacturiers peuvent embaucher _____ _____, plutôt que des artisans.

Les manufacturiers et les artisans doivent vendre leurs usines et leurs moyens de production aux plus riches – concentration du pouvoir industriel.

Les artisans _____ _____.

Les travailleurs agricoles, les artisans et les petits propriétaires qui ont perdu leur ferme ou leur commerce affluent dans _____ en quête de _____. Comme il y a beaucoup de travailleurs disponibles, dont des enfants, les employeurs imposent leurs propres conditions de travail.

⊢ Pages 140 et 141 de ton manuel

3 Examine le document suivant.

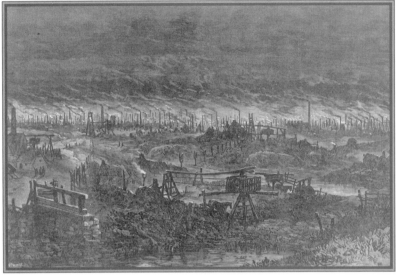

Les usines en ville
Les cheminées de la région industrielle de Black Country («le pays noir») vers 1866. C'est autour de ces régions industrielles que s'installaient les prolétaires.

Les usines en ville
(CORBIS)

a) Selon toi, pourquoi les prolétaires s'installent-ils près des usines?

_____

_____

_____

b) Selon toi, quel est l'impact d'une telle pratique?

_____

_____

4 Dans le tableau suivant, résume l'impact de l'industrialisation sur les paysans, les artisans et les ouvriers. Dans la deuxième colonne, identifie l'impact social et dans la troisième colonne, l'impact sur la situation économique de ces groupes.

L'impact de l'industrialisation sur les pauvres		
	IMPACT SOCIAL	**IMPACT ÉCONOMIQUE**
Les paysans		Les paysans s'appauvrissent et sont évincés de leur maison. Comme ils n'ont pas de formation, ils doivent accepter des emplois mal rémunérés.

(suite)

L'impact de l'industrialisation sur les pauvres		
	IMPACT SOCIAL	**IMPACT ÉCONOMIQUE**
Les artisans	_____ _____ _____ _____ _____	_____ _____ _____ _____
Les ouvriers	_____ _____ _____	L'augmentation du nombre d'ouvriers à la recherche d'un emploi entraîne une baisse des salaires.
	Les faibles salaires obligent les parents à faire travailler leurs enfants pour survivre.	

LA VIE DANS LES USINES : LES OUVRIERS S'ORGANISENT

1 Examine le document 1 à la page 142 de ton manuel.

a) Comment décrirais-tu les conditions de vie des ouvriers ?

_____   _____

_____   _____

CONDITIONS DE VIE DES OUVRIERS

_____   _____

_____   _____

_____

PISTE DE RECHERCHE 2

⊢ **Pages 142 et 143 de ton manuel**

2 Lis le document 2 à la page 142 de ton manuel.

a) Que déplore Engels ?

_____

_____

_____

b) Selon toi, pourquoi le bourgeois est-il indifférent?

_____

3 Examine le document 3 à la page 142 de ton manuel.

a) Détermine si les énoncés suivants sont vrais ou faux. Si l'énoncé est faux, souligne la partie fausse et corrige-la de manière à rendre l'énoncé vrai.

Le chef d'entreprise prend les décisions. ☐

Le chef d'entreprise ne fait pas de bénéfices puisqu'il fournit le capital. ☐

Les bénéfices sont répartis d'abord en revenus pour le chef d'entreprise, ensuite en capital d'investissement et enfin en salaires. ☐

La somme d'argent consacrée aux salaires est plus importante que les bénéfices. ☐

Garçon au travail dans une usine de verre.
(Bettmann/CORBIS)

⊢ Pages 142 et 143 de ton manuel

4 Lis le document 4 à la page 143 de ton manuel.

a) Dans le tableau suivant, précise l'information révélée sur chacun des aspects à la lumière du témoignage que tu viens de lire.

ASPECT	INFORMATION RÉVÉLÉE
L'âge minimum pour travailler	
L'horaire de travail	
Les conséquences d'un retard	
Les conséquences d'un productivité jugée trop faible	
La condition émotive des ouvriers	

b) Que penses-tu de ces conditions de travail ?

c) Selon toi, pourquoi ces conditions existent-elles ?

d) Quel avantage y a-t-il à faire travailler des enfants ?

Jeunes travailleurs de mines de charbon.
(CORBIS)

Pages 142 et 143 ; 144 et 145 de ton manuel

5 Examine le document 5 à la page 143 de ton manuel.

a) Selon toi, lequel des énoncés suivants explique le mieux les liens qui unissent les grands propriétaires et les politiciens ?

I. *Les politiciens incitent les grands propriétaires à respecter les lois imposant des conditions de travail décentes en retour de faveurs politiques favorisant le profit des entreprises.*

II. *Lesgrands propriétaires peuvent influencer les politiciens pour qu'ils adoptent des lois et des règlements qui leur permettent d'imposer les conditions de travail qui leur plaisent et de faire un maximum de profits.*

b) Qui présente les doléances des ouvriers aux politiciens ?

c) Selon toi, comment les ouvriers pourraient-ils améliorer leurs conditions de travail ?

LE MONDE CHANGE ! OUI, MAIS COMMENT ?

1 Lis le document 1 à la page 144 de ton manuel.

a) Dans le tableau suivant, résume les conditions de vie des familles ouvrières.

Les conditions de vie des familles ouvrières	
ASPECT	**CONDITION**
Horaire de travail requis pour survivre	
Occupation des enfants	
Logement	
Alimentation	
Espérance de vie	

b) Selon toi, quel est l'impact social du travail des enfants ?

⊢Pages 144 et 145 de ton manuel

2 Lis les documents 2 à 6 aux pages 144 et 145 de ton manuel.

a) Associe chacun des énoncés suivants au système politique qu'il décrit. Écris le numéro correspondant au système politique dont il est question dans l'espace qui suit.

1. Libéralisme 2. Socialisme 3. Marxisme 4. Communisme 5. Anarchisme

A – L'absence d'intervention gouvernementale et de lois contrôlant les conditions de travail permettent de mieux faire les affaires (faire plus de profits). ____

B – L'État pourvoit aux besoins des citoyens qui, en retour, occupent des emplois selon leurs capacités. ____

C – L'idée de faire une révolution violente contre ceux qui ne sont pas issus de la classe prolétaire n'est pas une solution. ____

D – Les personnes qui exercent une profession cherchent d'abord à faire des profits. ____

E – L'harmonie sociale s'obtient par les libres accords conclus entre les membres d'une société. ____

F – La liberté, l'égalité et la fraternité sont à la base de ce système. ____

G – Le pouvoir est remis à la société tout entière, c'est-à-dire à la collectivité représentée par l'État. ____

H – Les réformes démocratiques et socialistes s'effectuent graduellement au moyen de l'organisation et par la loi. ____

I – Ce système condamne une société qui assure l'harmonie par la soumission aux lois ou par l'obéissance à l'autorité. ____

J – Ce système promet des lois pour protéger les travailleurs, la journée de travail de huit heures, le suffrage universel et le recours au référendum. ____

K – Les individus isolés (bourgeois et politiciens) sont privés du pouvoir économique et politique. ____

L – L'industrie est gérée dans l'intérêt du bien commun, de toute la société. ____

M – Les gens d'affaires sont les meilleurs juges de ce dont la société a besoin. ____

N – Ce système prône une société sans gouvernement. ____

O – La concurrence qui existe entre les entreprises est éliminée au profit d'une association entre les entreprises (gérées par l'État). ____

Une coopérative de réparation de bottes au pays de Galles durant la grève générale de 1926 en Angleterre.
(© Musée de Pontypridd).

...l'industrialisation en Angleterre

LE POINT SUR...

1 En quoi l'industrialisation a-t-elle affecté la façon de produire les biens?

_____

_____

2 Comment le mode de production a-t-il changé?

_____

_____

3 Complète le schéma suivant afin d'expliquer l'accélération de l'industrialisation. Sers-toi des informations présentées aux pages 150, 151 de ton manuel pour compléter les phrases.

Les bourgeois et les riches propriétaires terriens investissent dans la mécanisation de leurs moyens de production.	_____ naissent afin de financer les entreprises et leurs besoins _____.	Afin de baisser les prix, les entreprises _____ _____ _____ _____ _____
Les bourgeois et les riches propriétaires terriens _____ leur production et leurs _____.	Les entreprises qui se font concurrence _____ _____.	
Les artisans et les petits propriétaires qui n'ont pas les moyens de mécaniser leur entreprise _____	Le _____ permet également de _____ _____ et stimule la concurrence entre les entreprises.	La baisse des salaires a des conséquences désastreuses sur _____ _____ ouvriers.
	Le capital accumulé grâce à l'augmentation de la production permet aux bourgeois et aux riches propriétaires terriens _____ _____.	

NOM GROUPE DATE

Pages 152 et 153 de ton manuel

…une révolution sociale

1 Quel a été l'impact de l'industrialisation sur les artisans et les paysans?

2 Quels facteurs ont contribué à l'urbanisation?

3 Imagine que tu es un ouvrier ou une ouvrière dans une grande usine en Angleterre au XIXe siècle. À gauche, dresse la liste de tes doléances. À droite, dresse une liste de solutions.

Doléances

– Les heures de travail trop longues nuisent à la santé et au temps consacré à la famille.
– Les salaires sont trop bas.
–
–
–
–

Solutions proposées

–
–
–
–
–
–

⊦Pages 152 et 153 de ton manuel

4 Comment feras-tu entendre tes doléances et les solutions que tu proposes?

_____
_____
_____
_____

5 Qu'est-ce qui est à l'origine du syndicalisme?

_____
_____
_____

6 Quels sont les avantages d'un syndicat?

_____
_____
_____
_____

7 Selon toi, pourquoi les industriels sont-ils favorables au libéralisme?

_____
_____
_____
_____
_____

8 Pourquoi les syndicalistes y sont-ils moins favorables?

_____
_____
_____

9 Que reprochent certains philosophes au capitalisme?

_____
_____

10 Que proposent-ils comme solution de rechange?

_____
_____
_____

⊢ Pages 154 et 155 de ton manuel

...le travail et la lutte des femmes

1 Quelle est la situation des femmes en général au XIXᵉ siècle ?

Emmeline Pankhurst se faisant arrêter.
(Bettmann/CORBIS)

2 Dans le tableau suivant, résume la situation des femmes à la maison, au travail et dans la société.

La situation des femmes au XIXᵉ siècle	
CONTEXTE	**SITUATION DES FEMMES**
À LA MAISON	
Propriété privée	Aucun droit ; tout appartient au mari.
Liberté de décision	_____
Contrôle sur son corps	_____
Abandon du foyer conjugal, divorce	_____
AU TRAVAIL ET DANS LA SOCIÉTÉ	
Salaire	_____
Conditions de travail	_____
Congé de maternité	_____
Participation politique	_____

3 Selon toi, pourquoi les femmes ont-elles eu peine à faire reconnaître leurs droits ?

...les concepts

SOCIALISME

CAPITAL

MODE DE PRODUCTION

CLASSES SOCIALES

URBANISATION

INDUSTRIALISATION

CAPITALISME

SYNDICALISME

Je définis les concepts

1. Définis les concepts à l'aide des éléments ci-dessous. Tu peux utiliser plus d'un élément par concept et ajouter des éléments si tu le juges nécessaire.

   a) Application des procédés et des techniques industrielles à la production.

   b) Régime économique qui favorise l'accumulation de profits.

   c) L'argent dont dispose une entreprise.

   d) Philosophie politique qui prône l'intervention des institutions de l'État pour éliminer les inégalités sociales.

   e) Processus permettant de fabriquer des objets ou de produire des denrées.

   f) Concentration de la population dans les centres urbains, les villes.

   g) Aux XVIIIe et XIXe siècles, mécanisation des moyens de production, y compris dans le domaine agricole.

   h) Philosophie économique et politique qui prône la libre concurrence des entreprises.

   i) Ensemble des ressources financières d'une entreprise.

   j) Mouvement qui défend les intérêts des ouvriers, des travailleurs.

   k) Régime économique dans lequel les capitaux appartiennent aux entreprises plutôt qu'aux travailleurs.

   l) Développement des villes en raison de l'implantation des industries (emplois) et de la mécanisation de l'agriculture qui réduit les possibilités d'emplois en milieu rural.

   m) Peut être artisanal (fabriqué par des gens) ou industriel (fabriqué par des machines).

   n) Philosophie économique et politique qui s'oppose à l'intervention de l'État.

(suite)

Selon moi, l'industrialisation, c'est...

Selon moi, le capital, c'est...

Selon moi, le capitalisme, c'est...

Selon moi, un mode de production, c'est...

Selon moi, l'urbanisation au XIXe siècle, c'est...

Selon moi, le libéralisme, c'est...

Selon moi, le syndicalisme, c'est...

Selon moi, le socialisme, c'est...

AILLEURS...

◀┤ **Pages 162 à 181 de ton manuel**

LA FRANCE, LES ÉTATS-UNIS ET L'ALLEMAGNE À L'ÈRE DE L'INDUSTRIALISATION

Je compare deux civilisations afin de mieux définir les concepts

1 Complète le tableau suivant en comparant l'industrialisation en Angleterre à l'industrialisation d'une autre région au XIXe siècle. Les ressemblances sont fournies. Tu dois trouver les différences et indiquer à quelle page du manuel tu as trouvé l'information.

ÉLÉMENTS DE COMPARAISON	ANGLETERRE	FRANCE	ÉTATS-UNIS	ALLEMAGNE
Quels sont les principaux modes de production ?	Industries Usines Agriculture mécanisée	Industries Usines Agriculture mécanisée	Industries Usines Agriculture mécanisée	Industries Usines Agriculture mécanisée
Comment l'industrialisation affecte-t-elle le territoire ?	Urbanisation croissante Exode rural	Urbanisation croissante Exode rural	Urbanisation croissante Exode rural	Urbanisation croissante Exode rural
Quels facteurs favorisent l'industrialisation ?	Commerce mondial Augmentation de la production agricole et de la population	_____ _____ _____	_____ _____ _____ _____ _____ _____ _____	_____ _____ _____ _____ _____ _____
Qui détient le pouvoir politique ?	Les nobles et les riches	Les riches et la noblesse	Les riches	Les riches et la noblesse
Quelle philosophie politique est à la base du pouvoir ?	Libéralisme	Libéralisme	Libéralisme	Libéralisme
Quels sont les grands courants politiques et idéologiques ?	Socialisme, anarchisme, communisme, marxisme	_____	_____ _____	_____ _____

○○○

◀ Pages 162 à 181 de ton manuel

(suite)

ÉLÉMENTS DE COMPARAISON	ANGLETERRE	FRANCE	ÉTATS-UNIS	ALLEMAGNE
L'industrialisation provoque-t-elle des conflits ?		_____ _____	_____ _____ _____ _____ _____ _____ _____	_____ _____ _____ _____ _____ _____ _____
Quelles sont les conditions de travail des ouvriers ?	Piètres	Piètres	Piètres	Piètres
Qui dénonce ces conditions ?		_____ _____ _____ _____	_____ _____ _____ _____ _____ _____	_____ _____ _____ _____ _____ _____
Quelle est la situation des femmes ?	Aucun droit	Aucun droit	Aucun droit	Aucun droit

ET AUJOURD'HUI...

◀▮ Pages 184 et 185 de ton manuel

JE FAIS APPEL À MON ESPRIT CRITIQUE

 1 Où préfèrerais-tu travailler : aux États-Unis ou au Québec ? Pourquoi ?

_____

_____

2 Selon toi, en quoi Wal-Mart a-t-elle contourné les lois québécoises ?

_____

_____

3 Trouve des exemples de contributions du mouvement syndical québécois dans ta vie de tous les jours.

DOMAINES DE TA VIE	CONTRIBUTION DU MOUVEMENT OUVRIER
Éducation	
Consommation	
Sécurité	Le mouvement ouvrier, par ses luttes pour la santé et la sécurité au travail, est à l'origine des lois et des normes de sécurité qui protègent non seulement les écoliers, mais tous ceux qui évoluent dans des endroits publics et des lieux de travail telles les écoles.
Conditions de vie	

UN HOMME DE SON TEMPS : ÉMILE ZOLA

Émile Zola.
(Bettmann/CORBIS)

Né en 1840, Émile Zola se retrouve vite orphelin de père et doit abandonner ses études et se trouver un travail à 19 ans. En 1862, il est employé à la librairie Hachette où son talent d'écrivain est découvert. Son premier recueil de contes paraît en 1864. L'œuvre littéraire de Zola est à l'origine d'un mouvement littéraire que l'on nomme «naturalisme», mouvement qui cherche à peindre le portrait le plus juste et le plus objectif possible des sujets humains qu'il observe. C'est ainsi que Zola décrit très clairement la situation des mineurs de France dans le roman *Germinal*. Ces mineurs, poussés à la famine et au désespoir, seront confrontés au libéralisme et au pouvoir des grands industriels dans une lutte syndicale violente. Zola est aussi connu pour avoir pris la défense d'un officier juif de l'armée française injustement accusé de trahison (affaire Dreyfus). Il meurt mystérieusement asphyxié chez lui en 1902, probablement assassiné.

Extrait du roman *Germinal*, d'Émile Zola (1885).

«La Compagnie, atteinte par la crise, était bien forcée de réduire ses frais si elle ne voulait pas succomber; et, naturellement, ce seraient les ouvriers qui devraient se serrer le ventre, elle rognerait leurs salaires en inventant un prétexte quelconque [...] elle rêvait un moyen terme, peut-être une grève, d'où son peuple de mineurs sortirait dompté et moins payé.» p. 162

1 Selon cet extrait, comment la compagnie entendait-elle assurer sa survie?

2 Selon toi, comment la grève pouvait-elle lui être utile?

UNE FEMME DE SON TEMPS : EMMA GOLDMAN

Emma Goldman naît en 1869 en Russie. Dès l'âge de 13 ans, elle travaille dans une grande usine. À l'âge de 15 ans, défiant son père qui souhaite la marier, elle s'enfuit aux États-Unis avec sa sœur. La pendaison des anarchistes Sacco et Vanzetti radicalise sa pensée politique et elle se joint au mouvement anarchiste à l'âge de 20 ans. Organisatrice syndicale dans les usines américaines où elle travaille, Goldman est surveillée et finalement emprisonnée à plusieurs reprises. En 1916, elle est arrêtée pour avoir distribué aux femmes des informations sur la contraception. Alors que la Première Guerre mondiale bat son plein, Goldman mène la lutte pacifiste et encourage la population américaine à ne pas y participer. Elle est expulsée des États-Unis et envoyée en Russie. Elle se bat aux côtés des anarchistes pendant la guerre civile espagnole, puis immigre au Canada. Elle meurt à Toronto en 1940.

Emma Goldman.
(Bettmann / CORBIS)

1 Imagine que tu es l'avocat ou l'avocate d'Emma Goldman au moment de son expulsion des États-Unis. Prépare sa défense contre les accusations suivantes :

a) Elle fait partie d'un mouvement politique dangereux…

b) Elle nuit à l'économie et à la libre entreprise…

c) Elle nuit à l'effort de guerre et trahit son pays…

d) Elle encourage les femmes à prendre des libertés sexuelles…

NOM   **GROUPE**   **DATE**

1 Tu es leader syndical dans une usine anglaise du XIXᵉ siècle. Trouve trois slogans pour inciter les ouvriers de ton usine à faire la grève contre un patron qui les traite injustement.

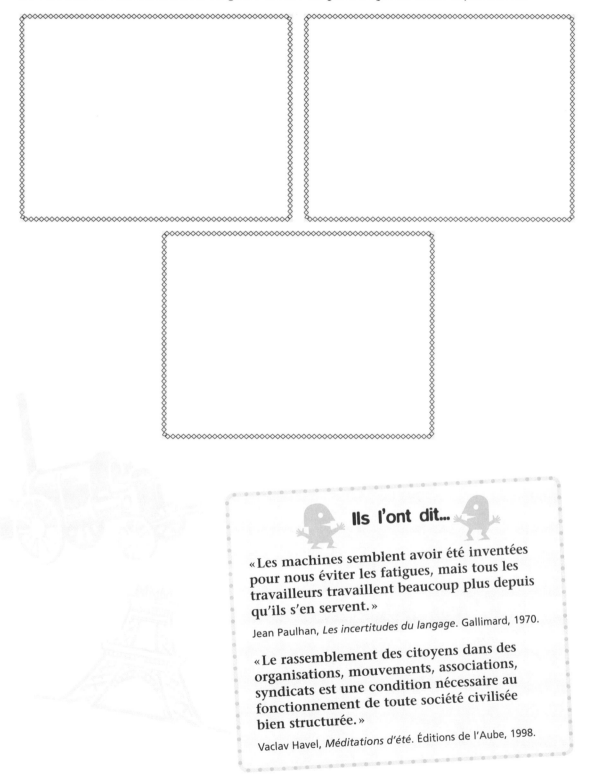

Ils l'ont dit...

« Les machines semblent avoir été inventées pour nous éviter les fatigues, mais tous les travailleurs travaillent beaucoup plus depuis qu'ils s'en servent. »

Jean Paulhan, *Les incertitudes du langage*. Gallimard, 1970.

« Le rassemblement des citoyens dans des organisations, mouvements, associations, syndicats est une condition nécessaire au fonctionnement de toute société civilisée bien structurée. »

Vaclav Havel, *Méditations d'été*. Éditions de l'Aube, 1998.

NOM   **GROUPE**   **DATE**

3 Tu es chef de parti politique. Tu dois trouver l'emblème de ton parti. Cet emblème doit refléter ta philosophie et tes principes. Choisis un des partis suivants et dessine son emblème.

a) Parti du libéralisme – b) Parti socialiste – c) Parti anarchiste – d) Parti marxiste

11

L'EXPANSION DU MONDE INDUSTRIEL

Pages 186 et 187 de ton manuel

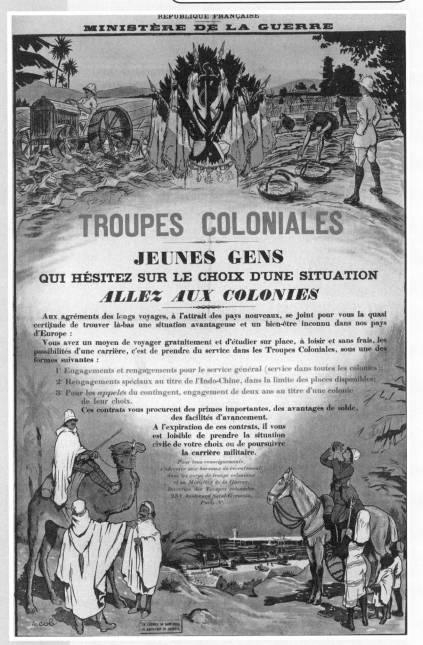

« Le colonialisme, c'est maintenir quelqu'un en vie pour boire son sang goutte à goutte. »

Massa Makan Diabaté, *Le coiffeur de Kouta*, Hatier, 2002.

Une affiche coloniale

Avec cette affiche dans le style graphique des années 1930 (Modern style), le ministère français de la Guerre adopte un genre racoleur qui rappelle celui des agences de voyages d'aujourd'hui pour inciter les jeunes gens à s'engager dans l'armée coloniale. À en croire le texte présenté, devenir un soldat dans les colonies se résumerait à revêtir un uniforme flatteur et à voyager gratuitement dans les contrées exotiques. Même si on voit un chamelier et un coolie tirant un pousse-pousse, l'affiche laisse supposer que ces contrées sont peuplées de jolies jeunes femmes. Les risques de combats et de maladies sont soigneusement omis. Cette publicité illustre bien l'esprit de condescendance qui animait l'époque coloniale.

(Affiche de recrutement pour les troupes coloniales illustrée par Al Cob, Imprimerie Nationale, 1927)

┣ **Pages 186 et 187 de ton manuel**

(A) JE DÉCOUVRE L'EXPANSION DU MONDE INDUSTRIEL

1 Examine attentivement le titre, l'image et la légende.

a) Quelles régions du monde sont représentées sur cette affiche?

b) Quelle est la position des Blancs selon cette affiche?

c) Quel est le but de cette affiche?

d) Quels éléments de l'affiche permettent d'atteindre ce but?

2 Selon toi, pourquoi les pays européens comme la France ont-ils besoin d'une armée coloniale?

3 Selon toi, pourquoi les pays européens établissent-ils des colonies partout dans le monde?

> **J'émets une hypothèse**
>
> Selon moi, les pays européens établissent des colonies partout dans le monde parce que...

B JE SITUE LES LIEUX

1 Observe la carte à la page 189 de ton manuel.

a) Quels pays européens ont établi des colonies en Afrique?

b) Lequel de ces pays est le plus présent en Afrique?

c) Selon toi, quels sont les avantages des colonies pour les pays européens?

d) Selon toi, quels seraient les inconvénients pour un pays européen d'avoir des colonies partout dans le monde?

⊩ **Pages 188 et 189 de ton manuel**

2 Sur la carte ci-dessous, situe les lieux énumérés.

a) Place d'abord tes points de repère.

- Océan Atlantique
- Océan Pacifique
- Océan Indien
- Canada

- Royaume-Uni
- Portugal
- Chine
- États-Unis

- France
- Italie
- Japon
- Allemagne

- Espagne
- Belgique
- Équateur
- Mer Méditerranée

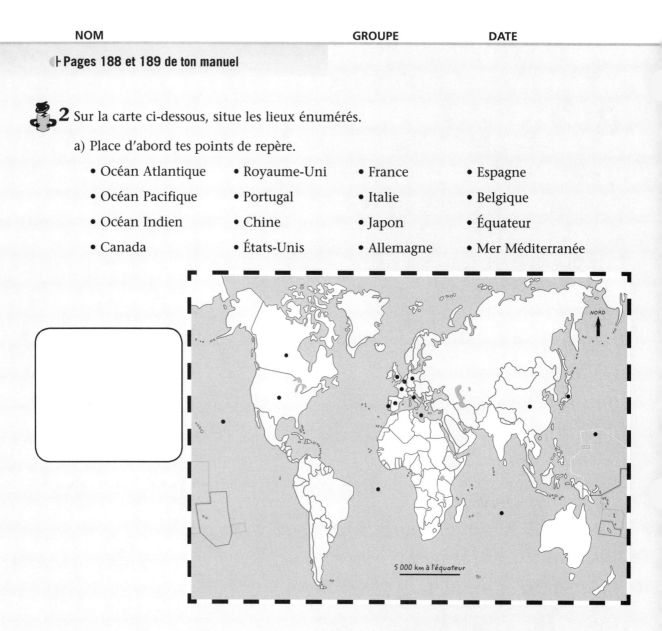

b) Respecte les consignes suivantes :

- colorie en bleu les colonies françaises ;
- colorie en rouge les colonies britanniques ;
- colorie en jaune les colonies espagnoles ;
- colorie en vert les colonies portugaises ;

- colorie en orangé les colonies belges ;
- colorie en rose les colonies italiennes ;
- colorie en gris les colonies allemandes.

C JE SITUE L'ÉPOQUE

1 Observe la ligne du temps aux pages 188 et 189 de ton manuel.

a) À quelle époque associe-t-on l'expansion du monde industriel ?

b) Quelles réalités sociales ont permis l'expansion du monde industriel ?

c) Selon toi, en quoi l'industrialisation a-t-elle contribué à l'expansion du monde industriel ?

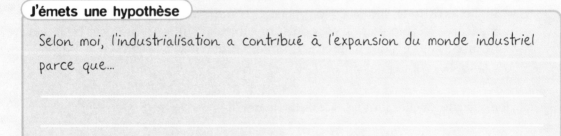

J'émets une hypothèse

Selon moi, l'industrialisation a contribué à l'expansion du monde industriel
parce que...

► **Pages 194 et 195 de ton manuel**

A LA COLONISATION, UNE ŒUVRE CIVILISATRICE ?

1 Lis le document 1 ci-dessous.

a) Souligne en rouge le principal objectif de la colonisation.

b) Souligne en bleu ce qui distingue une race supérieure d'une peuplade primitive.

Document 1

Un juriste définit la colonisation en 1912

« Coloniser, c'est se mettre en rapport avec des pays neufs pour profiter des ressources de toute nature de ces pays, les mettre en valeur dans l'intérêt national, et en même temps apporter aux peuplades primitives qui en sont privées les avantages de la culture intellectuelle, sociale, scientifique, morale, artistique, littéraire, commerciale et industrielle, apanage des races supérieures. La colonisation est donc un établissement fondé en pays neuf, par une race avancée, pour réaliser le double but que nous venons d'indiquer. »

Merignhac, *Précis de législation et d'économie coloniales*, 1912.

c) Selon ce texte, quelles sont les races supérieures ?

_____

d) Quelles sont les peuplades primitives auxquelles l'auteur fait référence ?

_____

_____

2 Lis le document 2 ci-dessous.

a) Souligne en rouge (   ) le rôle des Européens selon Renan.

b) Souligne en bleu (   ) le rôle des Africains selon Renan.

c) Souligne en vert (   ) le rôle des Chinois selon Renan.

Madame Raynor joue au golf avec son caddie de 4 ans en Algérie.
(Hulton-Deutsh Collection/CORBIS)

Document 2

Chacun a son rôle

« La nature a fait une race d'ouvriers. C'est la race chinoise d'une dextérité de main merveilleuse, sans presque aucun sentiment d'honneur ; gouvernez-la avec justice en prélevant d'elle pour le bienfait d'un tel gouvernement un ample douaire au profit de la race conquérante, elle sera satisfaite ; une race de travailleurs de la terre, c'est le nègre : soyez pour lui bon et humain, et tout sera dans l'ordre ; une race de maîtres et de soldats, c'est la race européenne. Que chacun fasse ce pour quoi il est fait et tout ira bien. »

Ernest Renan, *La Réforme intellectuelle et morale*, 1871.

PISTE DE RECHERCHE

3 Lis le document 3 ci-dessous.

a) Souligne en rouge la mission de la France selon Garnier.

b) Souligne en bleu les caractéristiques des peuples à coloniser selon Garnier.

c) Souligne en vert les caractéristiques de la France selon Garnier.

Document 3

Une mission : civiliser

« Un pays comme la France, quand il pose le pied sur une terre étrangère et barbare, doit-il se proposer exclusivement pour but l'extension de son commerce et se contenter de ce mobile unique, l'appât du gain ? Cette nation généreuse dont l'opinion régit l'Europe civilisée et dont les idées ont conquis les mondes, a reçu de la Providence une plus haute mission, celle de l'émancipation, de l'appel à la lumière et à la liberté des races et des peuples encore esclaves de l'ignorance et du despotisme. »

Francis Garnier, futur conquérant du Tonkin, *La Cochinchine française en 1864*, E. Dentu édit., 1864, p. 44-45 (cité par Jacques Bouillon et coll., *Le XIXᵉ siècle et ses racines*, histoire/seconde, Bordas, Paris, 1981, p. 347).

Illustration d'un livre du XIXᵉ siècle *The Life and Exploration of Dr. Livingstone*, par David Livingstone. Hommes, femmes et enfants capturés à Zanzibar, destinés au marché d'esclaves.
(Bettmann/CORBIS)

⊢Pages 194 et 195 de ton manuel

4 Lis le document 4 ci-dessous.

a) Souligne en rouge le fondement de l'acte colonial.

b) Souligne en bleu les éléments du discours de Césaire qui expliquent les conséquences de la colonisation sur le colonisateur.

Document 4

La colonisation déshumanise

« [...] la colonisation, je le répète, déshumanise l'Homme même le plus civilisé ; que l'action coloniale, l'entreprise coloniale, la conquête coloniale, fondée sur le mépris de l'Homme indigène et justifiée par ce mépris, tend inévitablement à modifier celui qui l'entreprend ; que le colonisateur, qui, pour se donner bonne conscience, s'habitue à voir dans l'autre la bête, s'entraîne à le traiter en bête, tend objectivement à se transformer lui-même en bête. C'est cette action, ce choc en retour de la colonisation qu'il importait de signaler. »

Aimé Césaire, *Discours sur le colonialisme*, Présence africaine, Paris, 1955.

c) Es-tu d'accord avec l'analyse de Césaire ? Pourquoi ?

_____

_____

_____

d) Comment appelle-t-on ce genre d'attitude envers quelqu'un qui est différent de soi ?

_____

Pages 196 et 197 de ton manuel

B   LES PEUPLES AFRICAINS INFÉRIEURS ? VRAIMENT ?

1 Lis le document 1 à la page 196 de ton manuel.

a) Quelles sont les principales caractéristiques des sociétés des Edos et des Yorubas ?

b) À quelles sociétés cela te fait-il penser ?

c) Quel genre de gouvernement les Ibos avaient-ils ?

d) À quelle société cette caractéristique te fait-elle penser ?

2 Lis le document 2 à la page 196 de ton manuel.

a) Comment le royaume du Mali était-il gouverné ?

b) À quelle société cela te fait-il penser ?

c) Quel était l'avantage du système politique malien ?

⊢ **Pages 196 et 197 de ton manuel**

3 Examine attentivement le document 3 à la page 196 de ton manuel.

a) Que révèle la présence d'objets d'art dans une société?

_____

b) Que peut-on déduire du fait que les Yorubas aient réussi à conquérir d'autres royaumes au XVIe siècle?

_____

c) À quelle société cela te fait-il penser?

_____

_____

4 Examine le document 4 à la page 197 de ton manuel.

a) Que peut-on déduire à propos du mode de vie des Dogons?

_____

b) Que peut-on déduire à propos de leurs méthodes de construction?

_____

c) Que peut-on déduire à propos de leur culture?

_____

5 Lis le document 6 à la page 197 de ton manuel.

a) Selon cet article, pourquoi les Noirs étaient-ils apparentés à certaines espèces animales?

_____

_____

b) Qu'est-ce qui les rapprochait des Blancs?

_____

_____

c) Quelle différence importante les Blancs percevaient-ils entre eux et les Noirs?

_____

d) Comment qualifierais-tu cette perception?

_____

e) Quel était le devoir des Blancs envers les Noirs?

_____

_____

_____

f) Réfute la description de Pierre Larousse à l'aide de l'information fournie dans les documents 1 à 4.

Les Noirs ont des instincts grossiers...

Jeune zulu se préparant pour son mariage
(Gideon Mendel/CORBIS)

Les Noirs sont inférieurs aux Blancs sur le plan intellectuel...

C QUELS ÉTAIENT LES ENJEUX DE LA COLONISATION?

1 Lis les documents suivants.

a) Souligne en rouge les avantages de la colonisation pour les Européens.

> **1** «J'étais hier dans l'East-End (quartier ouvrier de Londres), et j'ai assisté à une réunion de sans-travail. [...] Ce n'était qu'un cri. Du pain! Du pain! [...] je me sentis encore plus convaincu qu'avant de l'importance de l'impérialisme... L'idée qui me tient le plus à coeur, c'est la solution au problème social: pour sauver les quarante millions d'habitants du Royaume-Uni d'une guerre civile meurtrière, nous les colonisateurs, devons conquérir des terres nouvelles afin d'y installer l'excédent de notre population, d'y trouver de nouveaux débouchés pour les produits de nos fabriques et de nos mines.»
>
> Cécil Rhodes, Premier ministre du Cap, extrait du journal *Neue Zeit*, 1898 (cité par Lénine, *L'impérialisme, stade suprême du capitalisme*, 1916).

> **2** «Il ne faut pas se lasser de le répéter: la colonisation n'est ni une intervention philosophique, ni un geste sentimental. Que se soit pour nous ou pour n'importe quel pays, elle est une affaire. Qui plus est, une affaire comportant invariablement à sa base des sacrifices de temps, d'argent, d'existence, lesquels trouvent leur justification dans la rémunération.»
>
> Rondet-Saint, directeur de la Ligue maritime et coloniale, *La Dépêche coloniale*, 29 novembre 1929.

⊦Pages 198 et 199 de ton manuel

3. «La colonisation est la force expansive d'un peuple, c'est sa puissance de reproduction, c'est sa dilatation et sa multiplication à travers les espaces; c'est la soumission de l'univers ou d'une vaste partie à sa langue, à ses moeurs, à ses idées et à ses lois. Un peuple qui colonise, c'est un peuple qui jette les assises de sa grandeur dans l'avenir et de sa suprématie future... À quelque point de vue que l'on se place, que l'on se renferme dans la considération de la prospérité et de la puissance matérielle, de l'autorité et de l'influence politique, ou que l'on s'élève à la contemplation de la grandeur intellectuelle, voici un mot d'une incontestable vérité: le peuple qui colonise est le premier peuple [...]»

P. Leroy-Beaulieu, *De la colonisation chez les peuples modernes*, Guillaumin édit., 1870, p. 605-606.

b) Dans le tableau suivant, résume les avantages de la colonisation pour les pays européens dans la deuxième colonne. Identifie les inconvénients dans la troisième colonne.

Les enjeux de la colonisation		
	AVANTAGES	**INCONVÉNIENTS**
POUR LES EUROPÉENS		

2 Lis le document suivant.

a) Souligne en rouge les reproches touchant l'administration coloniale belge.

4. Lettre à Léopold II de Belgique au sujet de la situation au Congo
«À propos de la soumission des villages: Grâce à [...] quelques caisses de gin, des villages entiers ont été abandonnés par une signature à Votre Majesté. **[Les terres achetées par de tels biais étaient]** des territoires auxquels Votre Majesté ne peut davantage prétendre légalement que je n'ai le droit d'être commandant en chef de l'armée belge. [...]

À propos des bases militaires établies sur le fleuve: Ces postes de pirates et de boucaniers forcent les autochtones à les fournir en poissons, chèvres, volailles et légumes sous la menace de leurs mousquets; et quand les indigènes refusent [...], les officiers blancs arrivent avec une force expéditionnaire et brûlent leurs maisons. [...]

⊢Pages 198 et 199 de ton manuel

(suite)

> À propos de la manière dont est rendue la justice: Le gouvernement de Votre Majesté fait preuve d'une cruauté excessive envers ses prisonniers, les condamnant à être enchaînés comme des forçats pour les délits les plus mineurs. [...] Souvent, ces colliers à boeuf rongent le cou des prisonniers et provoquent des plaies infestées de mouches, ce qui aggrave la blessure suppurante. [...] Les tribunaux du gouvernement de Votre Majesté sont inefficaces, injustes, partiaux et défaillants.
>
> À propos de l'esclavagisme: [...] l'administration de Votre Majesté est engagée dans le commerce des esclaves, de gros et de détail. Elle achète, vend et vole les esclaves. L'administration de Votre Majesté donne trois livres par tête pour les esclaves aptes physiquement au service militaire. [...] La main-d'oeuvre dans les stations du gouvernement de Votre Majesté sur le fleuve supérieur est composée d'esclaves de tous âges et des deux sexes. »
>
> G.W. Williams, *An open letter to His Serene Majesty Leopold II, king of the Belgians and sovereign of the Independent state of Congo*, juillet 1890.

b) Qu'arrive-t-il aux Africains capturés pour l'esclavage?

_____

_____

c) Qui profite de la situation de l'esclavagisme au Congo?

_____

3 Dans le tableau suivant, résume l'impact de la colonisation sur les Africains pour chacun des domaines présentés dans la deuxième colonne.

Les enjeux de la colonisation		
	DOMAINE	IMPACT DE LA COLONISATION
Pour les Africains	Culture	
	Territoire	
	Justice	
	Liberté	
	Politique	

⊢ **Pages 202 et 203 de ton manuel**

...les fondements de la colonisation

1 En quoi l'industrialisation a-t-elle été un moteur de colonisation pour les puissances européennes?

_____

_____

_____

_____

2 Comment l'impérialisme européen a-t-il appauvri les peuples colonisés?

Colons français examinant le caoutchouc en Afrique centrale.
(Hulton-Deutsch Collection/CORBIS)

_____

_____

_____

_____

_____

_____

LE POINT SUR...

3 Comment les Européens justifiaient-ils la colonisation ?

_____

_____

_____

4 En te basant sur l'information fournie dans le document intitulé « Le commerce entre la France et ses colonies », à la page 203 de ton manuel, dessine un histogramme ou un graphique circulaire pour illustrer l'évolution des importations et des exportations françaises.

1) Part des colonies dans certaines importations de la France (1890 et 1938)

2) Part des colonies dans certaines exportations de la France (1890 et 1938)

5 a) Selon le document 4 de la page 203, quelles sont les richesses de l'Europe ?

_____

_____

b) Quelles sont les richesses des autres continents ?

_____

_____

_____

⊢ **Pages 203 et 205 ; 206 et 207 de ton manuel**

...les civilisations africaines

1 Fais un X dans la case appropriée selon que l'énoncé est vrai ou faux.

ÉNONCÉ	VRAI	FAUX
Les sociétés africaines étaient toutes nomades.		
Les sociétés africaines construisaient de grandes villes.		
Certaines sociétés africaines étaient des démocraties.		
Les sociétés africaines ne connaissaient pas le commerce avant l'arrivée des Blancs.		
Les sociétés africaines étaient incapables d'exploiter leurs ressources naturelles avant l'arrivée des Blancs.		

2 Les énoncés suivants sont tirés des documents présentés dans ce chapitre. À l'aide de l'information fournie aux pages 204 et 205, réfute les stéréotypes contenus dans ces énoncés.

a) L'Afrique est composée de « pays neufs ».

_____

b) L'Afrique est habitée par « des peuplades primitives qui sont privées des avantages de la culture intellectuelle, sociale, scientifique, morale, artistique, littéraire, commerciale et industrielle. »

_____

_____

_____

c) « Une race de travailleurs de la terre, c'est le nègre. »

_____

_____

d) « Des peuples encore esclaves de l'ignorance et du despotisme. »

_____

_____

_____

...l'exploration de l'Afrique

1 Selon toi, en quoi la division territoriale de l'Afrique par les puissances européennes a-t-elle affecté les peuples qui y habitaient ?

_____

_____

_____

2 Comment les puissances européennes prenaient-elles le contrôle d'un territoire ? Complète les phrases à l'aide de l'information fournie dans ton manuel aux pages 206 et 207.

Les pays européens envoyaient d'abord _____.

Les découvreurs prenaient _____ du pays européen
ou de son roi.

Des compagnies s'installaient dans les colonies pour _____

_____.

Le gouvernement de la métropole envoyait aussi _____.

3 Par quels moyens la couronne belge est-elle parvenue à tirer le maximum de profits de ses colonies africaines ? Complète les phrases à l'aide de l'information fournie dans ton manuel aux pages 206 et 207.

Léopold II se déclare _____ du Congo, c'est-à-dire qu'il se donne tous les droits.

↓

Léopold déclare la Belgique propriétaire _____ _____.

La Belgique exporte _____ à travers le monde et _____.

↑

Le gouvernement belge se sert du travail _____ _____ pour réduire les coûts d'exploitation de _____ _____.

↑

Le gouvernement belge peut exploiter _____ _____ _____.

...les concepts

ACCULTURATION

NATIONALISME

IMPÉRIALISME

COLONISATION

MÉTROPOLE

DISCRIMINATION

Lis les éléments de définition suivants et choisis ceux qui définissent le mieux les concepts. Attention, il peut y avoir plus d'une bonne réponse.

Selon moi, l'impérialisme, c'est...

IMPÉRIALISME

a) _____

b) une œuvre civilisatrice entreprise par les nations européennes.

c) une façon d'assurer le partage équitable des ressources de la Terre.

d) _____

Selon moi, la colonisation, c'est...

COLONISATION

a) l'occupation d'un territoire par une nation étrangère pour en favoriser le développement.

b) _____

_____

c) _____

_____

d) le déplacement de populations vers un territoire étranger inhabité.

Selon moi, la discrimination, c'est...

DISCRIMINATION

a) _____

b) le traitement réservé aux gens d'une race inférieure par les gens d'une race supérieure.

c) _____

d) une perception fondée sur l'idée que certains groupes sont supérieurs à d'autres.

Selon moi, la métropole, c'est...

MÉTROPOLE

a) _____

b) _____

c) _____

Selon moi, l'acculturation, c'est...

ACCULTURATION

a) _____

b) _____

c) l'enseignement de la culture dominante et plus développée.

d) l'apprentissage d'une culture différente.

Selon moi, le nationalisme, c'est...

NATIONALISME

a) la fierté d'un peuple pour sa nation.

b) la loyauté d'un peuple envers son pays et ses institutions.

c) _____

_____

d) _____

_____

AILLEURS...

◀┃ **Pages 214 à 223 de ton manuel**

L'IMPÉRIALISME JAPONAIS

Je compare deux civilisations afin de mieux définir les concepts

1 Le tableau ci-dessous établit une comparaison entre l'impérialisme européen et l'impérialisme japonais.

a) Coche les énoncés qui décrivent le mieux l'impérialisme japonais.

b) Indique à quelle page du manuel tu as trouvé l'information.

Concept	Impérialisme européen	Impérialisme japonais
QUEL EST LE MOTEUR DE LA COLONISATION?	L'industrialisation (besoin de matières premières et de main-d'oeuvre), le commerce et l'économie.	○ L'envie éprouvée par le Japon envers la Chine. ○ Le désir de convertir d'autres peuples au bouddhisme. ○ L'industrialisation (besoin de matières premières et de main-d'oeuvre), le commerce et l'économie. ○ Le nationalisme japonais. MANUEL page:
QUELLE EST LA JUSTIFICATION DE LA COLONISATION?	Œuvre civilisatrice : aider les peuples colonisés en leur apportant les bienfaits de la civilisation occidentale.	○ Mission civilisatrice venue du Ciel, besoin religieux d'assimiler toutes les populations asiatiques. ○ La conversion d'autres peuples au shintoïsme. ○ L'affirmation de la supériorité du peuple japonais. ○ L'unification de tous les peuples asiatiques. MANUEL page:
EST-IL QUESTION DE DISCRIMINATION? COMMENT?	Oui. Les peuples colonisés sont comparés à des animaux et jugés inférieurs.	○ Oui, les peuples colonisés sont jugés inférieurs. ○ Non, les peuples colonisés sont asiatiques aussi et traités en égaux. ○ Non, les peuples colonisés sont bouddhistes et considérés comme des frères. MANUEL page:
EST-IL QUESTION D'ACCULTURATION? COMMENT?	Oui, la culture du colonisateur est imposée.	○ Non, puisque tous les peuples asiatiques ont la même culture. ○ Oui, puisque la culture japonaise est considérée comme supérieure et imposée aux peuples colonisés. ○ Non, puisque la civilisation japonaise a tout emprunté à la Chine. MANUEL page:

ET AUJOURD'HUI...

⬦ Pages 224 à 225 de ton manuel

JE FAIS APPEL À MON ESPRIT CRITIQUE

1 Quelles sont les conséquences sociales encore visibles aujourd'hui de l'impérialisme européen en Afrique?

2 Examine les documents suivants.

Document 1

Ce graphique présente :

- en vert le pourcentage des budgets nationaux de certains pays d'Afrique alloué au remboursement de la dette envers les pays occidentaux ;

- en bleu le pourcentage alloué aux services de base à la population (éducation, santé, infrastructures sanitaires, etc.).

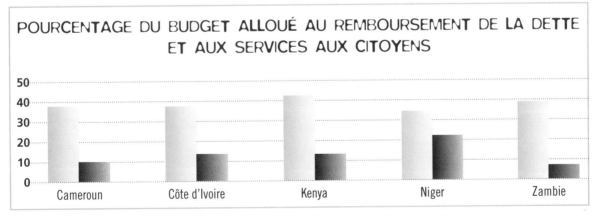

POURCENTAGE DU BUDGET ALLOUÉ AU REMBOURSEMENT DE LA DETTE ET AUX SERVICES AUX CITOYENS

UNICEF et UNDP, 1998. Adapté de Jan Vandermoortele, *Absorbing social shocks, protecting children and reducing poverty : The role of Basic social services*, New York, UNICEF, 2000, p. 26.

ET AUJOURD'HUI...

⊩ Pages 224 et 225 de ton manuel

Document 2

Selon la Banque mondiale, en 2000, les pays en développement donnaient en moyenne un milliard de dollars américains par jour à leurs créanciers occidentaux.

Document 3

En Zambie, la crise du VIH a réduit l'espérance de vie de 43 ans à 33 ans, soit ce qu'elle était à l'époque médiévale. Plus d'un demi-million d'enfants n'ont pas accès à l'école. Le gouvernement zambien dépense toutefois plus d'argent pour payer les intérêts de la dette aux pays occidentaux qu'il en dépense pour la santé et l'éducation.

UN, *Human Development Report, 2000.*

Document 4

Le gouvernement du Niger dépense annuellement 1,5 milliard de dollars pour rembourser la dette envers les pays occidentaux. Cette somme représente 30% des revenus provenant des exportations, soit trois fois plus que la somme allouée à l'éducation et neuf fois plus que la somme allouée à la santé.

Kwesi Owusu, Sarah Clark, Stuart Croft, John Garrett. The Africa Dept Report – A Country by Country Analysis. *Jubilee 2000*, Coalition 2000.

a) Selon toi, qui a emprunté de l'argent aux pays occidentaux ?

b) Selon toi, pour quelles raisons cet argent était-il nécessaire ?

c) Selon toi, à qui ces emprunts sont-ils plus profitables : aux pays en développement ou aux pays occidentaux ? Pourquoi ?

NOM   **GROUPE**   **DATE**

LES EUROPÉENS CONTRÔLENT LA PLANÈTE

1 Lis les statistiques suivantes.

a) Représente ces données à l'aide d'un graphique.

b) Représente ces données par un dessin, en considérant le point de vue des peuples colonisés.

LA PREMIÈRE GUERRE MONDIALE

1 Lis les documents suivants.

    a) Souligne en rouge les causes économiques du premier conflit mondial.

    b) Souligne en bleu les références aux sentiments nationalistes des États européens.

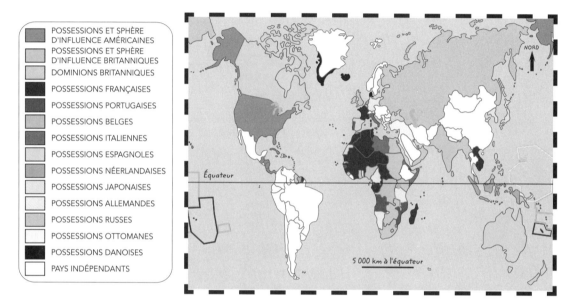

POSSESSIONS ET SPHÈRE D'INFLUENCE AMÉRICAINES
POSSESSIONS ET SPHÈRE D'INFLUENCE BRITANNIQUES
DOMINIONS BRITANNIQUES
POSSESSIONS FRANÇAISES
POSSESSIONS PORTUGAISES
POSSESSIONS BELGES
POSSESSIONS ITALIENNES
POSSESSIONS ESPAGNOLES
POSSESSIONS NÉERLANDAISES
POSSESSIONS JAPONAISES
POSSESSIONS ALLEMANDES
POSSESSIONS RUSSES
POSSESSIONS OTTOMANES
POSSESSIONS DANOISES
PAYS INDÉPENDANTS

Document 1

Le nationalisme et l'impérialisme des nations européennes ont des conséquences en Europe. En outre, l'expansion européenne en Afrique s'est effectuée sans que l'Allemagne puisse y participer. Afin de «se tailler une place au soleil», l'Allemagne se dote d'une politique de développement militaire et d'expansion territoriale dès 1871. Au Moyen-Orient et en Afrique, elle menace la domination de la Grande-Bretagne. De plus, elle vient de remporter une guerre contre la France qui a dû lui céder l'Alsace et la Lorraine.

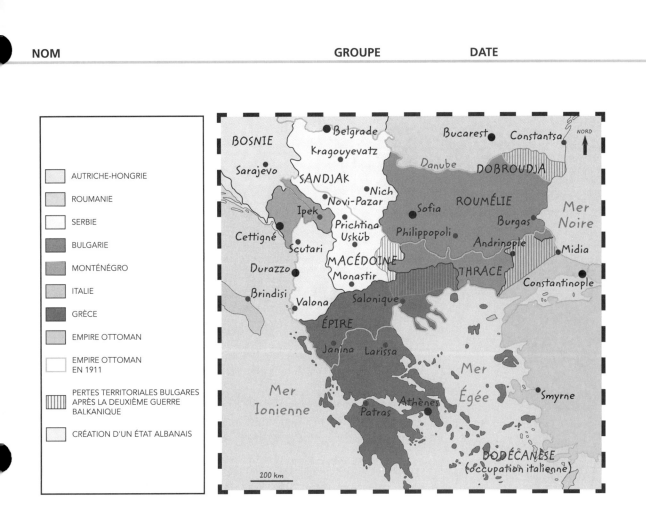

Document 2

Tout près, dans les Balkans, on trouve de petits États jadis sous le contrôle de l'Empire ottoman. Or, plusieurs de ces États sont maintenant soumis à l'Autriche-Hongrie. Les minorités slaves des Balkans (Serbie, Bosnie Herzégovine, Monténégro, Albanie et Macédoine) cherchent à établir leur indépendance. Les Russes, qui aimeraient étendre leur influence sur cette région, appuient secrètement les slaves. L'Empire ottoman contrôle également une partie des Balkans et du Moyen-Orient, ce qui le place parfois en conflit avec les intérêts coloniaux européens.

PAYS MEMBRES DE LA TRIPLICE
PAYS MEMBRES DE LA TRIPLE ENTENTE
PAYS ALLIÉS DE LA RUSSIE
PAYS NEUTRES

Document 3

Ces tensions européennes mènent à la création d'alliances stratégiques et militaires. La Triple-Entente unit la Grande-Bretagne, la France et la Russie pour contrebalancer la Triple-Alliance qui regroupe l'Allemagne, l'Autriche-Hongrie et l'Italie. Les Balkans demeurent le point sensible de l'Europe. Après de nombreux conflits internes, un Serbe indépendantiste assassine l'archiduc François-Ferdinand d'Autriche à Sarajevo le 28 juin 1914. L'Allemagne appuie l'Autriche qui déclare la guerre à la Serbie. Comme la Serbie est appuyée par la Russie, le conflit entraîne les pays de la Triple-Entente dans une guerre contre les membres de la Triple-Alliance.

Document 4

La justification allemande « Nous étions encerclés. Notre voisin occidental, le peuple français, est le plus agité, le plus ambitieux, le plus vaniteux de tous les peuples d'Europe et, dans la pleine acception du terme, le plus militariste et le plus nationaliste. Depuis la dernière guerre franco-allemande, nous en sommes séparés par un fossé [...]. À l'est, nous sommes entourés de peuples slaves, pleins d'aversion pour les Allemands qui les ont initiés à une civilisation supérieure ; ils les poursuivent de la haine méchante qu'un écolier récalcitrant et d'instincts brutaux éprouve pour un précepteur sérieux et digne. Ceci s'applique aux Russes, davantage aux Tchèques et surtout aux Polonais, qui revendiquent une partie de l'Allemagne orientale. [...] Au fond, personne ne nous aimait. Cette antipathie était ancienne, mais la jalousie que suscita l'oeuvre de Bismarck, la puissance et la richesse de l'Allemagne l'avaient singulièrement augmentée. »

Extrait des *Mémoires du Chancelier, Prince de Bülow*, tome II, Plon, Paris, 1931.

Document 5

Trois innovations technologiques rendues possibles par l'industrialisation : le sous-marin, le biplane et le char d'assaut contribuent à faire de la Première Guerre mondiale une guerre sanglante qui fait plus de 37,5 millions de victimes (morts et disparus).

(Hulton-Deutsch Collection/CORBIS)   (Bettmann/CORBIS)   (Bettmann/CORBIS)

Document 6

Une guerre capitaliste

En 1917, Lénine écrit : « Contre le groupe franco-anglais s'est dressé un autre groupe capitaliste, le groupe allemand, encore plus rapace,... apportant avec lui de nouveaux procédés : un développement de la production capitaliste, une meilleure technique et une organisation incomparable des affaires... La présente guerre est, elle aussi, le produit de la politique de classes qui sont aux prises, de la politique de deux colosses qui, bien avant les hostilités, avaient étendu sur le monde entier les tentacules de leur exploitation financière et s'étaient partagé économiquement le monde. Ils devaient se heurter, car, du point de vue capitaliste, un nouveau partage de cette domination était devenu inévitable. »

Cité dans J. Droz, *Les causes de la Première Guerre mondiale.* Le Seuil, 1997.

Document 7

Appel aux prolétaires d'Europe
lors de la conférence socialiste de septembre 1915

Voici plus d'un an que dure la guerre! Des millions de cadavres couvrent les
champs de bataille! Des millions d'hommes seront, pour le reste de leurs jours,
mutilés. L'Europe est devenue un gigantesque abattoir d'hommes. Quels que soient
les responsables immédiats du déchaînement de cette guerre, une chose est certaine:
la guerre qui a provoqué tout ce chaos est le produit de l'impérialisme. Elle est
issue de la volonté des classes capitalistes de chaque nation de vivre de l'exploitation
du travail humain et des richesses naturelles de l'univers. De telle sorte que les
nations économiquement arriérées ou politiquement faibles tombent sous le joug
des grandes puissances, lesquelles essaient, dans cette guerre, de remanier la carte
du monde par le fer et par le sang, selon leurs intérêts. [...] Les capitalistes de tous
les pays, qui frappent dans le sang des peuples la monnaie rouge des profits de
guerre, affirment que la guerre servira à la défense de la patrie, de la démocratie, à
la libération des peuples opprimés. Ils mentent. La vérité est qu'en fait ils ensve-
lissent, sous les foyers détruits, la liberté de leurs propres peuples en même temps
que l'indépendance des autres nations. De nouvelles chaînes, de nouvelles charges,
voilà ce qui résultera de cette guerre, et c'est le prolétariat de tous les pays,
vainqueurs et vaincus, qui devra les porter. [...]»

Manifeste de Zimmerwald, dans Marc Ferro, *La Grande Guerre 1914-1918*, coll. Idées, Éditions de la NRF, 1969.

Familles identifiant leurs morts.
(Dmitri Baltermants/The Dmitri Baltermants Collection/CORBIS)

2 Remplis le tableau suivant en résumant les raisons qui ont contribué à déclencher la Première Guerre mondiale. Dans la deuxième colonne, identifie les raisons de nature économique et dans la troisième colonne, les raisons de nature nationaliste.

Les origines de la Première Guerre mondiale		
ÉTAT	**IMPÉRIALISME ET INTÉRÊTS ÉCONOMIQUES**	**NATIONALISME**
Allemagne	_____ _____	L'Allemagne veut devenir une puissance coloniale.
Autriche-Hongrie	_____	
Pays des Balkans	La Serbie veut étendre son pouvoir sur les Balkans et contrôler l'accès à la mer Noire et à la mer Égée.	_____ _____
France	Réaffirmer à l'Allemagne son contrôle sur ses colonies.	_____ _____
Grande-Bretagne	_____ _____ _____	Quête de suprématie.
Russie	_____ _____	Les Serbes sont des slaves comme eux et sont donc des alliés naturels.

Après quatre ans de guerre de tranchées, l'avènement de la guerre sous-marine et aérienne et des millions de morts, les pouvoirs centraux (l'Allemagne, l'Autriche-Hongrie, l'Italie et la Turquie) capitulent.

3 Explique en tes propres mots le lien entre l'expansion du monde industriel et la Première Guerre mondiale.

Des soldats attendent dans une tranchée
(CORBIS)

_____

_____

_____

_____

artisan et artisane

TÉMOIN DE L'IMPÉRIALISME : JOSEPH CONRAD

Joseph Conrad est né en 1857 en Pologne dans une famille de propriétaires fonciers.

Joseph Conrad Korzeniowski a toujours été attiré par l'aventure. À dix-sept ans, il devient marin à bord d'un voilier français à Marseille, et reste trois ans dans la marine française pour entrer ensuite dans la marine marchande anglaise, où il demeure pendant plus de seize ans. Conrad devient capitaine et citoyen anglais en 1884. En 1896, il publie son premier livre, *La Folie Almayer*, où il dépeint la vie d'un Occidental en Malaisie.

Son œuvre *Au cœur des ténèbres* est une condamnation féroce du colonialisme dont il observe la dévastation au Congo. Il dit du colonialisme qu'il est la « plus vile course au butin ayant jamais défiguré l'histoire de la conscience humaine ».

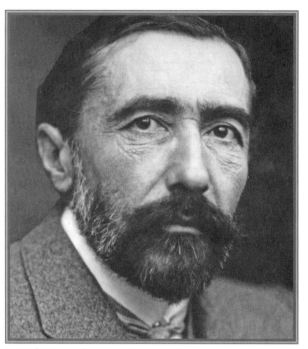

Joseph Conrad
(Hulton-Deutsch Collection/CORBIS)

1 Explique ce que veut dire Conrad lorsqu'il décrit le colonialisme.

_____

_____

_____

_____

2 Explique le lien entre le titre *Au cœur des ténèbres* et le colonialisme au Congo.

_____

_____

_____

_____

_____

TÉMOIN DE L'IMPÉRIALISME : YAA ASANTEWAA (1850-1921)

En 1896, les Britanniques condamnent à l'exil le roi des Ashanti, peuple du Ghana alors appelé Côte-de-l'Or. Devant l'inaction de son peuple à l'égard des Britanniques, Yaa Asantewaa, reine du clan Edweso, organise avec d'autres femmes une campagne de sabotage des infrastructures britanniques. Il a fallu 1400 soldats pour mettre fin à cette rébellion. Après sa capture, la reine a été déportée. Elle est morte loin de son peuple en 1921.

1 Selon toi, pourquoi les Africains comme Yaa se révoltaient-ils?

Yaa Asantewaa
(Wikipédia)

2 Selon toi, pourquoi les Britanniques ont-ils déporté Yaa?

NOM   GROUPE   DATE

Lis la chanson suivante. Souligne de bleu les références à la culture africaine et de rouge les références à la culture britannique.

Third World Child Johnny Clegg

Bribes de chansons

Echos de tambours brisés

Voilà tout ce dont il pouvait se rappeler

C'est ce qu'il m'a dit

Dans une langue bâtarde

Portée par le silence des armes

«Beaucoup de temps a passé

Depuis la première fois qu'ils sont venus

Et ont marché dans tout

Notre village

Ils nous ont appris à oublier

Notre passé

Et à vivre l'avenir

A leur image.»

REFRAIN

Ils ont dit:

«Tu dois apprendre

A parler un peu l'anglais

N'aie pas peur d'un costume cravate

Trouve ta place

Dans les rêves de l'étranger

— Je suis un enfant du tiers monde.»

(...)

Entre les champs de mon père

Et la citadelle

De l'autorité

Il y a un grand désert

Qu'il me faut traverser

Pour retrouver le bijou qui m'a été volé

(...)

Ils ont dit que je devais

Apprendre à parler un peu l'anglais

Pratiquer, peut-être,

Le contrôle des naissances

Me tenir à l'écart

Des controverses de la politique

Et épargner ainsi

Mon âme du tiers monde

Ils ont dit:

«Tu dois apprendre

A parler un peu l'anglais

N'aie pas peur

D'un costume cravate

Trouve ta place

Dans les rêves de l'étranger

— Je suis un enfant du tiers monde.»

Third World Child Album : Third World Child, 1987 (EMI Records Ltd.) Johnny Clegg and Savuka
Copyright 1986 by HR Music Published by sweet and sour music Ltd.

12

« Se vouloir libre, c'est aussi vouloir les autres libres. »

Simone de Beauvoir, *Pour une morale de l'ambiguïté*, Chapitre 2, Gallimard.

« Ma bouche sera la bouche des malheurs qui n'ont point de bouche, ma voix, la liberté de celles qui s'affaissent au cachot du désespoir. »

Aimé Césaire, *Cahier d'un retour au pays natal*, Présence africaine.

The Dinner Party

Cette œuvre de la féministe états-unienne Judy Chigago représente une table monu-mentale, de forme triangulaire sur laquelle on trouve 39 couverts pour 39 femmes qui ont marqué l'histoire. L'artiste voulait ainsi rendre hommage aux femmes ayant œuvré dans divers domaines et lutter contre l'amnésie collective au sujet de la contribution des femmes à la civilisation occidentale.

(Judy Chigago, 1979, The Brooklyn Museum, New York, États-Unis)

Pages 226 et 227 de ton manuel

⊢ **Pages 226 et 227 de ton manuel**

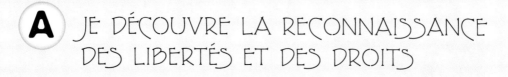

A JE DÉCOUVRE LA RECONNAISSANCE
DES LIBERTÉS ET DES DROITS

1 Examine attentivement le titre, la photo et la légende de la page 153.

a) Où peut-on lire des noms de femmes sur cette photo?

b) Selon toi, pourquoi l'artiste a-t-elle choisi la forme d'un triangle équilatéral?

c) Pourquoi parle-t-on «d'amnésie» lorsqu'il est question de la contribution des femmes à la civilisation?

d) Selon toi, pourquoi a-t-on choisi cette oeuvre pour introduire le chapitre sur les libertés et les droits?

e) Selon toi, qu'est-ce que le féminisme?

2 Dresse une liste de possibilités associées au concept de liberté.

- •   •
- •   •

3 Dresse une liste d'éléments associés au concept de droit.

- •   •
- •   •
- •   •
- •

4 Pourquoi parle-t-on ici de reconnaissance?

B JE SITUE LES LIEUX

1 Examine attentivement la carte à la page 229 de ton manuel.

a) Selon toi, quelles raisons un État pourrait-il invoquer pour refuser de signer ce pacte?

b) Qu'ont en commun la plupart des pays qui n'ont pas signé le Pacte international relatif aux droits civils et politiques?

c) Selon toi, pourquoi certains pays refusent-ils d'abolir la peine de mort?

2 Examine attentivement la carte ci-dessous.

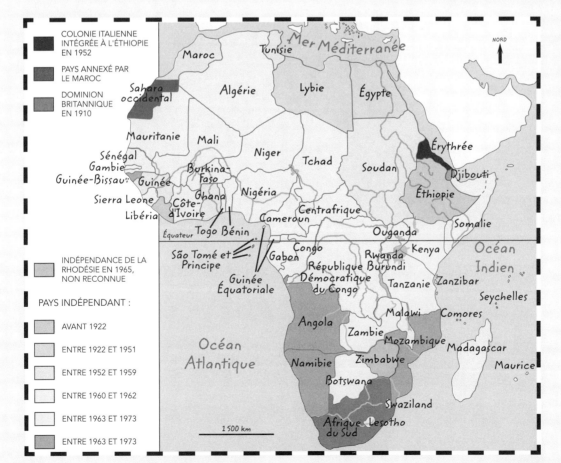

⊢ **Pages 228 et 229 de ton manuel**

3 a) Quels sont les deux pays qui étaient indépendants avant 1922 ?

b) Construis une ligne du temps représentant la marche vers l'indépendance des pays d'Afrique.

4 Selon toi, pourquoi tant de pays deviennent-ils indépendants à partir de 1951 ?

J'émets une hypothèse

Selon moi, l'indépendance s'est accélérée à partir des années 1950 parce que...

⊩Pages 228 et 229 de ton manuel

C JE SITUE L'ÉPOQUE

1 À quelle époque associe-t-on la reconnaissance des libertés et des droits civils ?

2 Avec quelle autre réalité sociale ce mouvement coïncide-t-il ?

3 Selon toi, quels liens peut-on établir entre l'expansion industrielle et les luttes pour la reconnaissance des droits et libertés ?

> **J'émets une hypothèse**
>
> Selon moi, la reconnaissance des droits et libertés est liée à l'expansion industrielle parce que...

4 Quel lien y a-t-il entre la colonisation et la lutte pour les libertés et les droits civils ?

5 Quel élément de la colonisation européenne porte particulièrement atteinte aux droits et libertés des peuples d'Afrique ?

⊢ Pages 234 et 235 de ton manuel

Ⓐ LES FEMMES ONT-ELLES LES MÊMES LIBERTÉS ET LES MÊMES DROITS CIVILS QUE LES HOMMES ?

1 Lis les deux documents suivants et observe les images qui les accompagnent.

a) Souligne les caractéristiques attribuées aux femmes.

Document 1

Les femmes sont faites pour séduire et être mère

« Les mains des femmes sont-elles bien faites pour le pugilat de l'arène publique ? Plus que pour manier le bulletin de vote, les mains de femmes sont faites pour être baisées, baisées dévotement quand ce sont celles des mères, amoureusement quand ce sont celles des femmes et des fiancées : ... séduire et être mère, c'est pour cela qu'est faite la femme. »

Rapport présenté par le sénateur Alexandre Bérard en 1919 sur plusieurs propositions de loi tendant à accorder aux femmes l'électorat et l'éligibilité.

« Ma mère est suffragette ». Ce bébé pleure parce que sa mère est impliquée en politique et ne peut pas prendre soin de lui convenablement, selon les opposants au suffrage des femmes.
(Michael Nicholson/CORBIS)

Mummy's a Suffragette.

Document 2

My wife's joined the Suffrage Movement.
(I've suffered ever since!)

« Ma femme est devenue suffragette. Je souffre depuis ! » Carte postale, 1910.
(Lake County Museum/CORBIS)

Les femmes, superficielles ?

« Les Françaises veulent donner leur avis sur les questions politiques, diplomatiques, économiques [...] cela m'étonne, car, lorsque trois femmes sont réunies, elles se mettent aussitôt à parler chiffons [...]. Ouvrez un journal [...] Lisez la petite correspondance de ces revues de mode auxquelles sont abonnées nos travailleuses, petites bourgeoises de la province, vous savez ce coin charmant et confidentiel où « jeune maman embarrassée » demande à « sentimentale désabusée » une recette infaillible pour faire disparaître les taches de rousseur et conserver les haricots verts. »

M. Régismanset, Président de la Commission s'adressant au Sénat, 1922.

b) Selon ces documents, quel est le rôle de la femme ?

_____

PISTE DE RECHERCHE 1

c) Quels arguments contre le droit de vote féminin sont présentés dans les deux images ?

d) Dans le deuxième document, comment les femmes sont-elles perçues ?

e) Que vise l'auteur en les dépeignant ainsi ?

2 Lis le document suivant.

a) Souligne toutes les caractéristiques des femmes qui justifient leurs revendications pour la participation politique.

Document 3

Ceux qui votent et celles qui ne votent pas

Nous allons voir voter le jouvenceau de vingt et un ans, qui ne connaît rien encore de la vie. Mais la mère qui l'a élevé, guidé jusqu'à ce jour, ne votera pas. Elle a pu former un citoyen. Elle est légalement incapable d'être une citoyenne.

N'est pas électrice l'institutrice laïque, instruite, intelligente, qui s'efforce d'arracher les enfants de ce paysan au joug abrutissant des dogmes et des préjugés, leur explique la déclaration des Droits de l'homme et leur fait aimer la République.

Mais ces étudiantes qui suivent avec tant d'ardeur et de succès les cours des Facultés, ces femmes qui se sont fait un nom dans les lettres ou les sciences, et celles qui ont forcé l'entrée du barreau, et celles qui dirigent des journaux, des lycées, des écoles normales, de grandes maisons de commerce, et celles qui ont présidé des congrès, éclairé, remué des assemblées de leur parole, toutes ces femmes de valeur, toutes ces forces de pensée et d'action resteront écartées du suffrage.

Les suffragettes refusent de payer l'impôt si elles n'obtiennent pas le droit de participer à son établissement par le biais de leur vote.
(Bettmann/CORBIS)

L'alcoolique invétéré ira, en titubant, déposer son bulletin dans l'urne ; le paresseux, le dissipateur, le débauché, qui ont ruiné ou déshonoré leur famille, seront invités à donner leur avis sur les affaires publiques. Mais la brave ménagère laborieuse et avisée, mais la femme vaillante, qui soutient les siens de son travail, ne seront pas consultées.

Odette Laguerre, *Le droit électoral des femmes* (1906).

⊢Pages 234 et 235 de ton manuel

b) Pour quel droit les suffragettes se battent-elles?

_____

c) Quelle est l'importance du droit de vote?

_____

_____

_____

_____

d) Les femmes paient-elles des impôts?

_____

e) Pourquoi le fait de payer des impôts devrait-il leur donner le droit de vote?

_____

_____

_____

_____

« Monsieur le Président, combien de temps les femmes devront-elles attendre pour la liberté ? »
(Bettmann/CORBIS)

3 Lis les deux documents suivants.

Document 4

Statistiques portant sur les femmes et le travail en Grande-Bretagne

Entre 1914 et 1918, 2 millions de femmes remplacent les hommes dans des emplois rémunérés.

Proportion des femmes dans les emplois rémunérés :   1914 : 24 %

1918 : 37 %

Nombre de femmes employées dans la fonction publique :   1911 : 33 000

1921 : 102 000

⊢Pages 234 et 235 de ton manuel

Document 5

Dates de l'acquisition du droit de vote pour les femmes (certains pays)	
1893 Nouvelle-Zélande (de voter)	**1934** Brésil, Cuba, Portugal*,
1902 Australie*	Turquie (d'être candidates)
1906 Finlande	**1944** Bulgarie, France, Jamaïque
1907 Norvège (d'être candidates)*	**1945** Guyana (d'être candidates),
1913 Norvège**	Indonésie, Italie, Japon,
1915 Danemark, Islande*	**1948** Belgique**, Israël, Niger,
1917 Canada (de voter)*,	République de Corée,
Pays-Bas (d'être candidates)	**1949** Chili**, Chine, Costa Rica,
1918 Allemagne, Autriche,	**1950** Barbade, Canada (de voter)**,
Canada (de voter)*, Hongrie,	Haïti, Inde
Irlande*, Pologne, Royaume-Uni*	**1952** Bolivie**, Côte d'Ivoire, Grèce, Liban
1919 Belgique (de voter)*, Luxembourg,	**1960** Canada (d'être candidates)**
Nouvelle-Zélande (d'être candidates),	**1962** Algérie, Australie**, Monaco,
Pays-Bas (de voter), Suède*, Ukraine	Ouganda, Zambie
1920 Albanie, Canada (d'être candidates)*,	**1963** Afghanistan, Congo,
États-Unis d'Amérique (de voter),	Iran (République islamique d'), Kenya,
Islande**	**1971** Suisse
1921 Belgique (d'être candidates)*, Suède**	**1972** Bangladesh
1928 Irlande**, Royaume-Uni**	**1976** Portugal**
1930 Afrique du Sud (Blancs), Turquie (de voter)	**1984** Afrique du Sud (Métis et Indiens),
1931 Chili*, Espagne, Portugal*, Sri Lanka	Liechtenstein
	1994 Afrique du Sud (Noirs)
	2005 Koweït

* Droit assorti de conditions ou de restrictions
** Restrictions ou conditions levées

a) Qu'ont en commun les pays qui donnent le droit de vote aux femmes avant 1930?

b) En quoi l'industrialisation a-t-elle eu un impact sur les revendications des femmes?

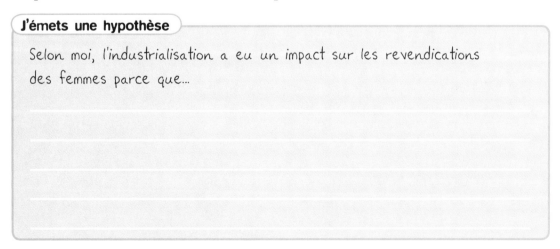

J'émets une hypothèse

Selon moi, l'industrialisation a eu un impact sur les revendications des femmes parce que...

⊢ **Pages 234 et 235 de ton manuel**

4 Remplis le tableau suivant.

a) Dans la deuxième colonne, complète les arguments présentés contre le vote des femmes selon les domaines identifiés dans la première colonne.

b) Dans la troisième colonne, formule une réponse à ces arguments en te servant de l'information contenue dans les documents des pages 160 à 163.

Les arguments contre le droit de vote des femmes		
DOMAINE DE LA SOCIÉTÉ	**ARGUMENTS**	**TA RÉPONSE À CES ARGUMENTS**
Famille	La place de la femme _____ _____ _____ _____	_____ _____ _____ _____
Éducation	Les femmes sont _____ _____ _____ que les hommes.	_____ _____ _____ _____
Justice	Les femmes sont déclarées incapables par le Code civil. Elles ont besoin d'une protection.	_____ _____ _____ _____
Caractéristiques féminines	Les femmes sont faites pour être séductrices ou mères ; elles sont frivoles et ne s'intéressent pas à la politique, à l'économie ou à la diplomatie.	_____ _____ _____ _____

B FAUT-IL PROMULGUER UNE LOI POUR ASSURER LA PARITÉ ENTRE LES FEMMES ET LES HOMMES?

1 Lis le document suivant.

Document 1

> En 1999, la France se dote d'une loi sur la parité qui a pour but d'assurer «qu'un nombre égal d'hommes et de femmes siègent dans les assemblées politiques. Cette loi va accélérer la modernisation de la vie politique, renforcer la démocratie.»
>
> Observatoire de la parité entre les femmes et les hommes, France.

a) Quel est l'objectif de la loi française sur la parité?

_____

_____

2 Lis le document suivant.

a) Souligne en bleu les facteurs qui expliquent la sous-représentation des femmes en politique.

b) Souligne en rouge les références à la nécessité d'une participation égale.

Document 2

Préambule de la résolution de l'Union européenne portant sur la participation équilibrée des femmes et des hommes aux processus de décision

«...**D.** considérant que les femmes doivent faire face à la double responsabilité d'assumer à la fois leurs tâches et obligations familiales, ainsi que leurs obligations professionnelles,

E. considérant que l'inégalité entre les femmes et les hommes, de même que la division des rôles entre ces derniers, trouvent leurs racines dans [...] des comportements traditionnels,

F. considérant qu'il est reconnu que la sous-représentation des femmes dans les organes dirigeants représente un obstacle important au développement démocratique de l'Union européenne, à sa cohésion et, globalement, à sa compétitivité,

G. considérant que le pourcentage de femmes occupant des postes de décision dans le commerce et l'industrie européens, de même que dans le mouvement syndical, est extrêmement faible, ce qui contribue sans aucun doute à l'inégalité sur le marché du travail,

PROPORTION DES FEMMES DANS LES ASSEMBLÉES PARLEMENTAIRES (2004) (%)	
Suède	42,7
Danemark	37,4
Finlande	36,5
Pays-Bas	36,0
Allemagne	30,9
Espagne	28,3
Autriche	26,8
Belgique	23,3
Royaume-Uni	18,4
Portugal	17,4
Irlande	12,0
Italie	11,3
France	10,9
Grèce	10,3

(suite)

L. considérant que les salaires des femmes demeurent inférieurs à ceux des hommes pour un travail de valeur équivalente,

Q. considérant que le parachèvement de la démocratie présuppose la coopération et la codécision des deux sexes dans tous les secteurs, sur des bases équitables et solidaires,

R. considérant qu'une participation égale des femmes aux processus de décision ne constitue pas uniquement une exigence de justice ou de démocratie, mais également une condition nécessaire pour prendre en considération les pré-occupations et les expériences spécifiques des femmes,

S. considérant qu'un partage plus équitable du travail et des responsabilités parentales entre les femmes et les hommes est de nature à favoriser la participation des femmes à la vie publique,

T. considérant que la prise en considération des idées, des valeurs et des expériences propres aux femmes peuvent contribuer à redéfinir les priorités politiques, à inscrire de nouveaux points à l'ordre du jour et à ouvrir de nouvelles perspectives pour la politique d'égalité des chances entre hommes et femmes dans toutes les politiques et actions menées…

Résolution du Parlement européen sur le rapport de la Commission au Conseil, au Parlement euro-péen et au Comité économique et social sur la mise en oeuvre de la recommandation 96/694 du Conseil du 2 décembre 1996 concernant la participation équilibrée des femmes et des hommes aux processus de décision (COM(2000) 120 - C5-0210/2000 - 2000/2117 (COS)).

c) Selon toi, pourquoi les femmes demeurent-elles sous-représentées en politique?

Ⓐ L'AFRIQUE DU SUD, UN RÉGIME ÉGALITAIRE ?

1 Lis le document 1 à la page 238 de ton manuel.

a) Remplis le tableau suivant en indiquant dans la deuxième colonne l'impact de chacune des lois de la première colonne sur le développement des Noirs d'Afrique du Sud.

LOI	IMPACT SUR LES DROITS ET LIBERTÉS
Les Noirs ne peuvent pas voter.	_____ _____
Aucune représentation des Noirs au Parlement.	_____ _____ _____
Interdiction aux Noirs de se syndiquer.	Les Noirs ne peuvent se protéger en tant que travailleurs. Ils perdent le droit fondamental de pouvoir s'organiser pour améliorer leurs conditions de travail. Les patrons peuvent les traiter comme ils le veulent.
Contrôle des déplacements des Noirs vers les villes.	_____ _____
Création de réserves.	_____ _____ _____
Accès interdit à certains emplois.	_____ _____

b) Comment décrirais-tu ces lois ?

_____

c) Selon toi, comment les Noirs sont-ils perçus par les Blancs d'Afrique du Sud ?

_____

2 Examine attentivement les documents 2 et 3 à la page 238 de ton manuel.

a) Comment décrirais-tu les maisons du township de Soweto ?

_____

b) Que peux-tu déduire à propos des conditions de vie des Noirs dans les villes sud-africaines ?

_____

_____

PISTE DE RECHERCHE 2

⊢ Pages 238 et 239 de ton manuel

c) Pourquoi les Noirs vivent-ils dans les *townships*?

d) Que constates-tu au sujet de la proportion de Noirs dans la population sud-africaine?

e) Qu'en est-il des Blancs?

f) Selon toi, comment se fait-il que 17 % de la population détient le pouvoir politique alors que 83 % n'a aucun pouvoir?

3 Lis le document 4 à la page 239.

a) Quelle était la raison d'être de l'apartheid?

b) Pourquoi une telle politique semblait-elle nécessaire aux yeux des Blancs d'Afrique du Sud?

4 Remplis le tableau suivant. Dans la deuxième colonne, décris la situation des Blancs dans chacun des domaines identifiés dans la première colonne. Dans la troisième colonne, décris la situation des Noirs. Sers-toi de l'information fournie dans les documents des pages 238 et 239 de ton manuel.

L'Afrique du Sud sous le régime de l'apartheid		
DOMAINE	**RÉALITÉ DES BLANCS SOUS L'APARTHEID**	**RÉALITÉ DES NOIRS SOUS L'APARTHEID**
Économie		
Politique		
Conditions de vie		
Travail		
Démographie		

B COMMENT METTRE FIN À L'APARTHEID ?

 1 Examine le document 1 à la page 240 de ton manuel.

a) Décris la photo.

b) Selon toi, quelles sont leurs revendications ?

Étudiants se sauvant de la police, Soweto, 1976.
(Bettmann/CORBIS)

├ **Pages 240 et 241 de ton manuel**

2 Examine les documents 2 et 3 à la page 240 de ton manuel.

a) Pourquoi est-il important que des Blancs militent en faveur des droits des Noirs en Afrique du Sud ?

b) De quoi est-il question dans cette chanson ?

c) Lorsque Johnny Clegg parle de séparation, de quoi parle-t-il ?

d) Selon toi, qui est le prisonnier dont il est question ici ?

e) Selon toi, pour quelle raison est-il en prison ?

3 Lis le document 4 à la page 241 de ton manuel.

a) Par quels moyens pacifiques l'ANC résistait-il à l'apartheid ?

b) En quoi cela était-il une menace pour le régime de l'apartheid ?

c) Pourquoi l'ANC a-t-il opté pour une lutte armée ?

4 Lis le document 5 à la page 241 de ton manuel.

a) Que cherche Biko ?

b) Selon lui, quelle est l'origine de l'emprisonnement de l'esprit de l'homme noir ?

c) Selon lui, comment faut-il d'abord combattre l'apartheid ?

d) En quoi les Noirs sont-ils complices des Blancs?

e) Selon toi, pourquoi est-il important pour les Noirs de comprendre que l'apartheid existe en bonne partie à cause de leur complicité?

5 Lis le document 6 à la page 241 de ton manuel.

a) En quoi quelqu'un comme Nelson Mandela pouvait-il être dangereux pour le régime politique de l'Afrique du Sud dans les années 1960?

Libérez Mandela
(Hulton-Deutsch Collection/CORBIS)

b) Pourquoi la révolte des Noirs était-elle crainte à ce point?

6 À l'aide des documents 1 à 6, remplis le tableau suivant en énumérant les moyens de résistance utilisés en Afrique du Sud.

MOYENS PACIFISTES	AUTRES MOYENS
Prise de conscience des Noirs quant à leur pouvoir	

DÉCOLONISATION OU INDÉPENDANCE ?

1 Lis le document 1 à la page 242 de ton manuel.

a) Que reproche Fanon à l'Europe ?

_____
_____
_____
_____
_____

b) Que veut dire Fanon par « Quittons cette Europe » ?

_____
_____
_____

Funérailles d'un bébé en Afrique du Sud
Le cercueil d'un bébé de 6 mois asphyxié par les gaz lacrymogènes est déposé dans sa tombe, à Crossroads, auprès de plusieurs autres Noirs tués par la police lors d'une manifestation.
(Gideon Mendel/CORBIS)

2 Lis le document 3 à la page 242 de ton manuel.

a) Selon l'auteur, qui propage les idées des libertés politiques pour les Noirs ?

_____

b) Pourquoi l'auteur dit-il qu'ils sont assimilés ?

_____

c) Quelles sont leurs revendications ?

_____

3 Lis le document 4 à la page 243 de ton manuel.

a) Qu'est-ce que l'ONU exige des États colonisateurs en ce qui concerne les peuples colonisés ?

_____

b) Par quels moyens les peuples colonisés peuvent-ils exprimer le désir d'exercer ce droit ?

_____

PISTE DE RECHERCHE 3

4 Lis le document 5 à la page 243 de ton manuel.

a) Selon la Déclaration de Bandung, qu'est-ce que le colonialisme ?

_____

b) Comment le colonialisme est-il défini dans cette déclaration ?

_____

c) Quelles sont les conséquences du colonialisme selon cette déclaration ?

_____

5 Examine le document 6 à la page 243 de ton manuel.

a) Selon toi, pourquoi la France ne voulait-elle pas reconnaître l'indépendance de sa colonie ?

_____

_____

b) Quelle a été la conséquence de la Déclaration d'indépendance de l'Indochine ?

_____

_____

6 Fais la synthèse des arguments contre le colonialisme.

COLONIALISME
OCCIDENTAL

...le féminisme et le droit de vote des femmes

LE POINT SUR...

1 Qui prenait les décisions pour les femmes avant les années 1970?

_____

_____

2 Selon toi, pourquoi les femmes ont-elles revendiqué leurs droits d'abord en Grande-Bretagne?

_____

_____

_____

3 Quelle est l'importance du droit de vote pour les femmes?

_____

_____

_____

4 En quoi la Première Guerre mondiale a-t-elle accéléré l'obtention du droit de vote pour les femmes?

_____

_____

_____

_____

5 a) Complète le graphique suivant pour faire la synthèse de l'argumentation contre le droit de vote des femmes.

FEMME

Rôles : _____

_____

Si elle obtient le droit de vote…

_____

_____

_____

Si elle reste sagement à l'écart de la politique…

_____

_____

_____

Elle oubliera ses devoirs de mère et d'épouse.

_____

_____

b) En quoi les propos de Morlot sont-ils discriminatoires ?

_____

_____

6 a) Selon Simone de Beauvoir, qu'est-ce qui ne peut définir la femme ?

_____

_____

b) Selon toi, qu'est-ce que le «destin biologique» et en quoi limite-t-il la femme ?

_____

_____

c) Qu'est-ce qui définit réellement la femme ?

_____

_____

⊢ **Pages 248 et 249 de ton manuel**

...l'antiracisme et les mouvements d'émancipation des Noirs

1 Comment les Noirs sont-ils arrivés aux États-Unis?

_____

2 Quels étaient les objectifs des lois ségrégationnistes américaines?

_____

_____

3 À quel régime cela te fait-il penser?

_____

_____

4 Selon toi, pourquoi les Américains blancs voulaient-ils vivre séparés des Noirs?

_____

_____

5 Remplis le tableau suivant afin de comparer la situation des Noirs aux États-Unis avec celle des Noirs en Afrique du Sud. Dans la deuxième colonne, décris la situation des Noirs américains dans chacun des domaines identifiés dans la première colonne. Dans la troisième colonne, décris celle des Noirs d'Afrique du Sud.

La lutte contre le racisme: situation des Noirs aux États-Unis et en Afrique du Sud vers 1960.		
DOMAINE	**ÉTATS-UNIS**	**AFRIQUE DU SUD**
Éducation	_____ _____	De nombreux enfants ne peuvent fréquenter l'école; ils doivent travailler pour aider leur famille.
Droit de vote	Droit acquis en 1965.	_____
Mobilité	_____	_____
Droit de vivre dans les villes	Vivent dans des ghettos (quartiers noirs)	_____ _____
Travail	_____ _____	_____ _____
Statut socioéconomique	_____ _____	_____ _____

◀▐ Pages 248 et 249 de ton manuel

6 Complète le schéma suivant en retraçant le long parcours vers la reconnaissance des droits et libertés des communautés noires des États-Unis et de l'Afrique du Sud.

Aux États-Unis

_____
_____
_____

Désobéissance civile _____
_____ ; boycottages.

_____
_____
_____

Plusieurs groupes passent à la résistance armée.

En Afrique du Sud

_____
_____
_____

_____
_____
_____

_____
_____

Grèves, boycottages, massacre de manifestants à Sharpeville et à Soweto.

Sanctions économiques prises contre le régime de l'Afrique du Sud.

Libération de Nelson Mandela en 1990, négociations pour la reconnaissance des droits avec le gouvernement sud-africain.

Pages 250 et 251 de ton manuel

...la décolonisation et l'indépendance nationale

1 Quel groupe de personnes sont à l'origine des luttes pour l'indépendance des peuples colonisés ?

_____

_____

2 Comment les colonies françaises d'Indochine et d'Algérie ont-elles accédé à l'indépendance ?

_____

3 Pourquoi la France résistait-elle à l'indépendance de ses colonies ?

_____

_____

4 Comment l'Inde a-t-elle accédé à l'indépendance ?

_____

...les concepts

CENSURE

DISCRIMINATION

DROIT

LIBERTÉ

DISSIDENCE

RÉPRESSION

DÉMOCRATISATION

ÉGALITÉ

1 Pour chaque concept, encercle l'élément qui complète le mieux la difinition. Il peut y avoir plus d'une bonne réponse.

DISCRIMINATION

Selon moi, la discrimination, c'est...

Le fait d'|isoler physiquement| |de séparer| un groupe que l'on considère |différent| |inférieur| en le traitant moins bien.

DISSIDENCE

Selon moi, la dissidence, c'est...

L'action de |se séparer de ou de s'opposer à|, |de se révolter contre| un |gouvernement|, |une politique, une philosophie sociale ou religieuse|.

DÉMOCRATISATION

Selon moi, la démocratisation, c'est...

L'action de rendre démocratique des institutions ou un régime politique dans le but de favoriser |la création d'un gouvernement représentatif|, |l'égalité et la liberté de tous les membres de la société|.

ÉGALITÉ

Selon moi, l'égalité, c'est...

Le fait que |les êtres humains| et |les groupes sociaux| soient traités de la même |façon peu importe leur origine|, |qu'ils jouissent des mêmes droits et libertés| et |qu'ils soient égaux devant la loi|.

RÉPRESSION

Selon moi, la répression, c'est...

Le fait de |punir| et d'|interdire| un |mouvement de révolte collectif|, la |dissidence|, une |manifestation|.

AILLEURS...

 Pages 258 à 265 de ton manuel

LE RÉGIME NAZI

Je compare deux civilisations afin de mieux définir les concepts.

Sous le régime nazi, des millions d'Allemands ont été privés de leurs droits et ont perdu la vie parce que les dirigeants adhéraient à la thèse de la supériorité de la race allemande.

 1 À partir des éléments présentés, définis les concepts suivants tels qu'ils s'appliquent au régime nazi.

Discrimination
Idéologie qui sert de justification : _____

_____

Groupes ciblés : _____

But : _____

_____

Mesures adoptées : _____

Ségrégation
Justification : _____

Groupes ciblés : _____

But : _____

_____

Mesures adoptées : _____

Répression
Justification : _____

Groupe ciblé : _____

But : _____

Mesures adoptées : _____

2 En te basant sur les documents de la page 264, explique pourquoi ces horreurs ont soulevé si peu de dissidence.

_____

_____

_____

_____

_____

◀┤ Pages 258 à 265 de ton manuel

3 En quoi la discrimination, la ségrégation et la répression dont ont été victimes les Juifs sous le régime nazi ressemblent-elles à celles exercées contre les Noirs d'Afrique du Sud? En quoi sont-elles différentes?

	NOIRS D'AFRIQUE DU SUD	JUIFS DE L'ALLEMAGNE NAZIE
Discrimination		
Ségrégation		
Répression		

ET AUJOURD'HUI...

▸ Pages 268 et 269 de ton manuel

JE FAIS APPEL À MON ESPRIT CRITIQUE

1 Selon toi, pourquoi les journalistes représentent-ils une si grande menace pour les gouvernements de certains pays ?

_____

_____

_____

_____

2 Selon toi, à qui incombe la responsabilité de faire respecter les droits de la personne partout dans le monde ?

_____

_____

_____

3 Comment peut-on y parvenir ?

_____

_____

_____

_____

Ils l'ont dit...

« La liberté est un bagne aussi longtemps qu'un seul homme est asservi. »

Albert Camus, _Les Justes_, Acte I, scène I, Gallimard.

ARTISAN ET ARTISANE DE LA RECONNAISSANCE DES LIBERTÉS ET DES DROITS CIVILS

MAHATMA GANDHI

Mahatma Gandhi est né en 1869 à Porbandar, en Inde. Il a étudié en Droit à l'université de Londres. En 1893, il se rend à Durban, en Afrique du Sud pour devenir conseiller juridique. Traité comme un membre de race inférieure, il fut consterné de voir à quel point les libertés civiles et les droits politiques des immigrés indiens en Afrique du Sud étaient dénigrés. Il a donc entrepris une lutte pour les droits fondamentaux des Indiens.

De retour en Inde, Gandhi est devenu un leader dans la lutte complexe pour l'autonomie indienne. Après la Première Guerre mondiale, Gandhi a amorcé son mouvement de résistance passive envers la Grande-Bretagne. En 1920, comme le gouvernement britannique refusait de reconnaître les revendications des indépendantistes indiens, Gandhi a organisé une campagne de non coopération. Les Indiens des bureaux publics ont remis leur démission, les organismes gouvernementaux telles que les cours ont été boycottés et des enfants indiens ont été retirés des écoles gouvernementales. En Inde, des rues ont été bloquées par des Indiens, accroupis, refusant de se relever même lorsque frappés par la police. Gandhi a été arrêté, mais les Anglais ont vite été forcés de le libérer. Il est devenu le symbole international de l'Inde libre. Le plaidoyer de non violence de Gandhi, connue sous le nom d'ahimsa (Sanskrit, "pas de blessure"), était l'expression d'un mode de vie implicite dans la religion hindoue. Par la pratique indienne de la non violence, Gandhi soutenait que la Grande-Bretagne considérerait elle aussi la violence inutile et quitterait l'Inde. En 1944, le gouvernement britannique acceptait l'indépendance. Le 30 janvier 1947, alors qu'il revenait d'une réunion de prière, Gandhi est assassiné par un fanatique hindou.

Mohandas Karamchand Gandhi, Microsoft (R) Encarta. Copyright (c) 1994 Microsoft Corporation. Copyright (c) 1994 Funk & Wagnall's Corporation.

1 Examine les photos de Gandhi à la page suivante.

a) Décris l'évolution de l'habillement de Gandhi.

_____

_____

_____

artisan et artisane

b) Associe les événements de la vie de Gandhi à son habillement.

- Jeune homme, avec son frère à Gujerat. _____

- Étudiant à l'université de Londres. _____

- Avocat du barreau en Afrique du Sud. _____

- Militant pour les droits des Indiens en Afrique du Sud, il se prépare à une marche. _____

- Habillé comme un paysan, Gandhi arrive en Inde pour lutter pour son peuple. _____

- Gandhi portant le pagne, symbole de la pauvreté en Inde, et le châle pendant sa longue marche de protestation vers la mer. _____

- Gandhi filant le tissu pour confectionner ses propres vêtements, afin de convaincre son peuple de fabriquer eux-mêmes ce qui est nécessaire à leur survie, défiant ainsi le système mis en place par les colonisateurs britanniques, rejetant le mode de vie occidental et favorisant l'autosuffisance. _____

(Wikipédia)

(Vithalbhai Jhaveri/Gandhi Serve)

(Vithalbhai Jhaveri/Gandhi Serve)

(Kanu Gandhi/Gandhi Serve)

(Vithalbhai Jhaveri/Gandhi Serve)

(Bettmann/CORBIS)

(Bettmann/CORBIS)

c) Selon toi, pourquoi le pagne de Gandhi était-il un symbole si puissant?

_____

_____

_____

_____

ROSA PARKS

Rosa Parks est née en 1913, en Alabama, un État du sud des États-Unis. Une des rares femmes noires à accéder à l'université, elle dut toutefois se contenter d'un travail de couturière, les emplois pour les Noirs étant très limités. Rosa Parks vivait dans un monde où les lois ségrégationnistes reléguaient les Noirs aux écoles, aux fontaines, aux tables de restaurants et aux sièges d'autobus séparés de ceux des Blancs.

En 1955, alors qu'elle rentrait du travail en autobus, Rosa Parks refusa de céder son siège à un Blanc, comme l'exigeaient les règlements de l'époque. Elle fut arrêtée et emprisonnée. Cet incident marqua le début du mouvement de résistance passive et de désobéissance civile des Noirs américains en faveur de la reconnaissance de leurs droits et libertés. Les Noirs de l'Alabama boycottèrent les autobus de la ville de Montgomery pendant un an, jusqu'à ce que les règlements qui imposaient la ségrégation soient abolis. Inspirés par le courage de Rosa Parks et dirigés par Martin Luther King fils, les Noirs américains s'organisèrent et refusèrent de respecter les lois ségrégationnistes. Ils exigeaient la reconnaissance de leurs droits. En 1965, après dix longues années de luttes et de répression, le Civil Rights Act reconnaissait officiellement l'égalité des Noirs américains, leurs droits et leurs libertés.

Rosa Parks assise à l'avant de l'autobus en Alabama, après que la Cour suprême eut déclaré illégale la ségrégation à bord des autobus.
(Bettmann/CORBIS)

artisan et artisane

1 Imagine que tu fais partie de ceux qui désobéissent aux lois ségrégationnistes américaines dans les années 1960.

a) Dans la colonne de gauche, dresse la liste des conséquences négatives que peut entraîner ta décision, que ce soit des conséquences sociales, économiques ou légales.

b) Dans la colonne de droite, dresse la liste des conséquences positives de ta décision.

DOMAINE	CONSÉQUENCES NÉGATIVES	CONSÉQUENCES POSITIVES
Social		
Économique		
Légal		

c) Imagine que l'on t'arrête et que l'on t'emprisonne pour ton geste, comme Rosa Parks. Comment expliquerais-tu ton geste à tes enfants?

_____

_____

_____

_____

_____

_____

artisan et artisane